첫 작품을 준비하는 니터들에게

# 손뜨개,
# 나의 첫 작품

임현지 지음

예신 Books

# 손뜨개, 나의 첫 작품

 지금까지 임현지 작가는 트렌드에 따라 변하는 뜨개질 아이템과 상관없이 정통에 기반한 뜨개의 정석을 선보여 왔습니다. 또한 제주 출신으로, 예로부터 전해지는 제주의 전통무늬를 응용한 독창적인 작품을 통해 독특한 뜨개 기법을 구축해 왔습니다.

 이를 테면 가문이나 특정인을 상징하는 유럽의 문양과는 다른 제주만의 정서를 담고 있으며, 제주의 전통무늬를 훌륭하게 재해석하여 뜨개의 무궁무진한 다양성을 접목시켰습니다. 그러면서도 초심자들이 쉽게 접근하도록 세심한 배려를 아끼지 않았습니다.
 금번에 출간하는 "손뜨개, 나의 첫 작품"도 그런 시도 중 하나입니다.

 소품에서 벗어나 첫 작품을 준비하는 니터들에게 작가의 주옥같은 작품들은 훌륭한 길잡이가 되어 줄 것입니다. 작가가 안내하는 대로 차근차근 따라가다 보면 누구나 자신의 첫 작품을 완성할 수 있을 거라 확신합니다.

니트러브 대표 조 성 진

## 작가 인사말

"뉴트렌드 패션 손뜨개"를 펴내고 약 5년 만에 새로운 작품집을 발간하게 되어 기쁩니다. 작년 5월 즈음 원고를 완성하여 당해에 책으로 발간될 줄 알았는데 생각보다 많이 늦어져 기다리던 독자 분들께 죄송한 마음이지만, 그만큼 책 제작에 더 정성을 들였다고 생각됩니다.

이번 책은 기본 손뜨개 작품에 충실하려고 했습니다.
유행에 따라 금세 바뀌지 않고 오래 입을 수 있는 기본 디자인과 무늬에 바탕을 두었습니다. 한 걸음 더 나아가 디자인에 약간 변화를 주거나 기본 무늬를 변형하는 방식으로 옷의 멋을 표현하며 작업할 수 있도록 준비했습니다.
내가 만들어 내가 입고 또 누구에게 물려주어도 손색없는 작품에 도전해 완성하는 기쁨까지 맛보는 데 이 책이 도움이 되었으면 합니다.

이 책을 발간할 수 있게 도움을 주신 출판사 사장님과 직원 분들께 감사드리고, 그 외 촬영, 일러스트, 모델, 코디네이터, 편집에 참여하신 분들과 연계하여 지원해 주신 조성진 사장님께도 감사드립니다.

임 현 지

# Contents

### 엘레강스 T셔츠

작품 사진: 8쪽
뜨는 법: 28쪽

### 자주색 리본칼라 롱셔츠

작품 사진: 13쪽
뜨는 법: 50쪽

### 흰색 반폴라 T셔츠

작품 사진: 9쪽
뜨는 법: 32쪽

### 진회색 폴라 롱셔츠

작품 사진: 14쪽
뜨는 법: 52쪽

### 분홍빛 캐시미어 봄 T셔츠

작품 사진: 10쪽
뜨는 법: 36쪽

### V넥 래글런 셔츠

작품 사진: 15쪽
뜨는 법: 58쪽

### 림보 나염 반폴라 T셔츠

작품 사진: 11쪽
뜨는 법: 38쪽

### 오렌지색 볼륨 셔츠

작품 사진: 16쪽
뜨는 법: 66쪽

### 겨자색 T셔츠

작품 사진: 12쪽
뜨는 법: 44쪽

### 아이보리 남자 폴라 셔츠

작품 사진: 17쪽
뜨는 법: 72쪽

### 베이지 반팔 셔츠

작품 사진: 18쪽
뜨는 법: 78쪽

### 오렌지색 라운드 칼라 재킷

작품 사진: 23쪽
뜨는 법: 98쪽

### 빨간색 V넥 조끼

작품 사진: 19쪽
뜨는 법: 86쪽

### 후드 점퍼

작품 사진: 24쪽
뜨는 법: 108쪽

### 흰색 보색 조끼

작품 사진: 20쪽
뜨는 법: 87쪽

### 비취색 모헤어 목도리

작품 사진: 25쪽
뜨는 법: 110쪽

### 자주색 모헤어 숄

작품 사진: 21쪽
뜨는 법: 90쪽

### 분홍색 베스트

작품 사진: 22쪽
뜨는 법: 91쪽

작품 보기

## 엘레강스 T셔츠

봄에 입으면 노란 개나리처럼 상큼 발랄한
여성미가 돋보이는 블라우스 느낌의 니트이다.
몸판은 대바늘뜨기 무늬로, 밑단과 소맷단은
코바늘 레이스 뜨기로 사랑스러운 화사함을 더했다.

**완성 치수**: 가슴둘레 90cm, 길이 60cm, 소매길이 54cm
**재료 및 도구**: 실 - 캐시미어(노란색), 대바늘 4mm, 4.5mm, 줄바늘 3mm, 코바늘 5호, 돗바늘
**게이지(10cm x10cm)**: 23코 28단
**뜨는 법**: 28쪽

### 흰색 반폴라 T셔츠

양면 무늬뜨기라 뜨기에 조금 복잡하게 느껴질 수 있지만 완성하여 예쁜 무늬를 보면 뜨기를 잘했다는 생각이 들 것이다. 기본형이지만 무늬가 주는 독특함과 화려함을 동시에 느낄 수 있다.

**완성 치수**: 가슴둘레 84cm, 길이 56cm, 소매길이 54.4cm
**재료 및 도구**: 실 – 메리노 골드(흰색), 대바늘 4mm, 줄바늘 3mm, 돗바늘
**게이지(10cm x10cm)**: 27코 29단
**뜨는 법**: 32쪽

## 분홍빛 캐시미어 봄 T셔츠

단순한 무늬가 반복되지만 분홍색실과 어우러져
싱그러운 진달래꽃을 연상시키는 여성스러운 봄셔츠이다.

**완성 치수:** 가슴둘레 92cm, 길이 69cm, 소매길이 60.5cm
**재료 및 도구:** 실 – 캐시미어(분홍색),
　　　　　　　줄바늘 2.5mm, 3.5mm, 돗바늘
**게이지(10cm x10cm):** 32코 25단
**뜨는 법:** 36쪽

### 림보 나염 반폴라 T셔츠

양면 무늬뜨기로 뜨는 방법이 좀 복잡하게 보이지만 완성하면 무늬가 예뻐서 뜬 보람을 느낄 것이다. 기본형이지만 이 무늬가 들어가 독특하면서도 화려한 느낌을 준다.

**완성 치수:** 가슴둘레 104cm, 길이 62cm, 소매길이 63.5cm
**재료 및 도구:** 실 - 림보(나염). 검정 금사, 줄바늘 3.5mm, 5mm, 모사용 코바늘 5호, 돗바늘
**게이지(10cm x10cm):** 29코 29단
**뜨는 법:** 38쪽

## 겨자색 T셔츠

살짝 톤이 낮은 노란 계열의 옷으로, 기본적인
라운드 T랑 청바지를 함께 코디하면 캐주얼한 느낌을 준다.

**완성 치수**: 가슴둘레 96cm, 길이 60cm, 소매길이 60cm
**재료 및 도구**: 실 – 제일모직 장미사(겨자색), 줄바늘 2.5mm, 4mm, 돗바늘
**게이지(10cm x10cm)**: 30코 37단
**뜨는 법**: 44쪽

## 자주색 리본칼라 롱셔츠

왼쪽으로 조금 기울여 언밸런스하게 매듭지을
수 있게 리본끈을 단다. 타이트하게 엉덩이를
살짝 덮는 길이감과 7부 소매의 조화로
날씬하면서도 키가 커 보이는 효과가 있다.

**완성 치수:** 가슴둘레 88cm, 길이 75cm, 소매길이 40cm
**재료 및 도구:** 실 – 슈퍼 밀레니엄(자주색), 줄바늘 3.5mm, 4mm, 돗바늘
**게이지(10cm x10cm):** 29코 32단
**뜨는 법:** 50쪽

# 진회색 폴라 롱셔츠

날씨가 쌀쌀할 때 청바지나 스키니한 바지에
롱부츠를 함께 코디하면 스포티한 멋을 연출할 수 있다.

**완성 치수**: 가슴둘레 94cm, 길이 62cm, 소매길이 58cm
**재료 및 도구**: 실 – 빈센트(진회색),
　　　　　　　　줄바늘 4mm, 5mm, 돗바늘
**게이지(10cm x10cm)**: 28코 30단
**뜨는 법**: 52쪽

## V넥 래글런 셔츠

V넥 래글런 셔츠의 기본형이다. 래글런은
단수와 콧수 계산이 쉽지 않아 예쁘게 만들기
어려운데 이 게이지를 참고하면 다른 사이즈 옷도
얼마든 뜰 수 있다.

**완성 치수**: 가슴둘레 102cm, 길이 60cm, 소매길이 62cm
**재료 및 도구**: 실 – 순모 5p(아이보리), 줄바늘 3mm, 4mm, 돗바늘
**게이지(10cm x10cm)**: 29코 32단
**뜨는 법**: 58쪽

## 오렌지색 볼륨 셔츠

반짝이가 섞인 화려한 오렌지색에, 볼륨을
강조한 디자인이라 조금 과해 보이기도 하지만
하나쯤 떠서 특별한 날이나 기분전환이
필요한 날 입어도 좋을 듯하다.

**완성 치수:** 가슴둘레 140cm, 길이 57cm, 소매길이 53cm
**재료 및 도구:** 실 – 메리노 골드(오렌지색 골드펄), 줄바늘 3mm, 4.5mm, 돗바늘
**게이지(10cm x10cm):** 25코 28단(무늬뜨기 A), 21코 26단(무늬뜨기 B)
**뜨는 법:** 66쪽

## 아이보리 남자 폴라 셔츠

스포티함을 강조한 셔츠로 입고 벗기에 편하도록 지퍼를 달아 주고,
아랫단에는 끈을 달아 실용성과 멋 두 마리 토끼를 잡은 디자인이다.

**완성 치수**: 가슴둘레 107cm, 길이 71cm, 소매길이 65cm
**재료 및 도구**: 실 – 순모 5p(아이보리), 줄바늘 3.5mm, 4.5mm, 돗바늘, 밑실 조금, 지퍼 1ea
**게이지(10cm x10cm)**: 31코 29단
**뜨는 법**: 72쪽

## 베이지 반팔 셔츠

코바늘뜨기 옷으로, 아래 옆라인을 라운드
처리하여 남방 느낌을 살린 셔츠다. 민소매
윗옷에 청바지를 함께 코디하면 젊은 감각의
캐주얼 룩을 연출할 수 있다.

**완성 치수**: 가슴둘레 84cm, 길이 60cm, 소매길이 21.5cm
**재료 및 도구**: 실 - 아이기모노(아이보리, 빨간색), 레이스 코바늘 2호
**게이지(10cm x10cm)**: 24코 17단(무늬뜨기 A)
**뜨는 법**: 78쪽

## 빨간색 V넥 조끼

무늬 없이 독특한 디자인으로 멋을 살린
옷이다. 박시한 느낌에 옆트임을 주고
밑단을 곡선으로 마무리하여 멋스러우면서도
활동하기에 편하다.

**완성 치수**: 가슴둘레 110cm, 길이 67.5cm
**재료 및 도구**: 실 – 505사(빨간색), 줄바늘 4mm, 5mm, 돗바늘, 밑실 조금
**게이지(10cm x10cm)**: 19코 25단
**뜨는 법**: 86쪽

## 흰색 보색 조끼

깔끔하게 흰색과 검정의 보색을 조합하고, 멋스러운 무늬를 넣어 남성도 거부감 없이 소화할 수 있는 디자인의 조끼이다.

**완성 치수**: 가슴둘레 118cm, 길이 60cm
**재료 및 도구**: 실 – 7PLY(흰색, 검정), 줄바늘 4mm, 5mm, 돗바늘
**게이지(10cm x10cm)**: 21코 25단
**뜨는 법**: 87쪽

### 자주색 모헤어 숄

일반적인 술이 아니라 코바늘 사슬뜨기로
자연스러운 꼬임을 주어 더 아름다운 숄이다.

**완성 치수:** 53cm x 196cm
**재료 및 도구:** 실 – 퀸(자주색), 키드 모헤어(보라색), 줄바늘 8mm, 코바늘 7호
**게이지(10cm x10cm):** 12코 16단
**뜨는 법:** 90쪽

## 분홍색 베스트

슈트 칼라에 라운드 처리한 앞섶을 이용해
고급스러움과 여성스러움을 살린 베스트이다.
슈트 칼라를 쉽게 뜰 수 있는 방법을 실었다.

**완성 치수**: 가슴둘레 100cm, 길이 58cm
**재료 및 도구**: 실 - 순모 5p(분홍색), 줄바늘 2.5mm, 3mm, 돗바늘
**게이지(10cm x10cm)**: 34코 36단
**뜨는 법**: 91쪽

## 오렌지색 라운드 칼라 재킷

아랫단 옆선을 곡선 처리하여 여성스러우면서도 활동성이 좋고, 칼라를 달아 정장 느낌의 차분한 멋을 살린 디자인이다.

**완성 치수:** 가슴둘레 112cm, 길이 70cm, 소매길이 55cm
**재료 및 도구:** 실 – 순모 5p(오렌지색), 줄바늘 3mm, 3.5mm, 4mm, 돗바늘
**게이지(10cm×10cm):** 30코 32.5단
**뜨는 법:** 98쪽

# 후드 점퍼

심플한 카디건형 재킷에 후드를 더해
캐주얼한 느낌으로 바뀌었다.

**완성 치수**: 가슴둘레 104cm, 길이 57cm, 소매길이 58cm
**재료 및 도구**: 실 - 림보(회색), 5PLY(보라색), 줄바늘 4mm, 5.5mm, 돗바늘
**게이지(10cm x10cm)**: 15코 21단
**뜨는 법**: 108쪽

## 비취색 모헤어 목도리

기본형이지만 특별한 꼬임 무늬가 돋보이는 목도리이다.

완성 치수: 23cm x 230cm
재료 및 도구: 실 – 키드 모헤어(비취색), 7PLY 매니어 1올. 줄바늘 6mm, 돗바늘
게이지(10cm x10cm): 26코 19단
뜨는 법: 110쪽

## 작품 도안

# 엘레강스 T셔츠

**완성 치수:** 가슴둘레 90cm, 길이 60cm, 소매길이 54cm
**재료 및 도구:** 실 - 캐시미어(노란색), 대바늘 4mm, 4.5mm, 줄바늘 3mm, 코바늘 5호, 돗바늘
**게이지(10cm x10cm):** 23코 28단
**작품 사진:** 8쪽

도안 1

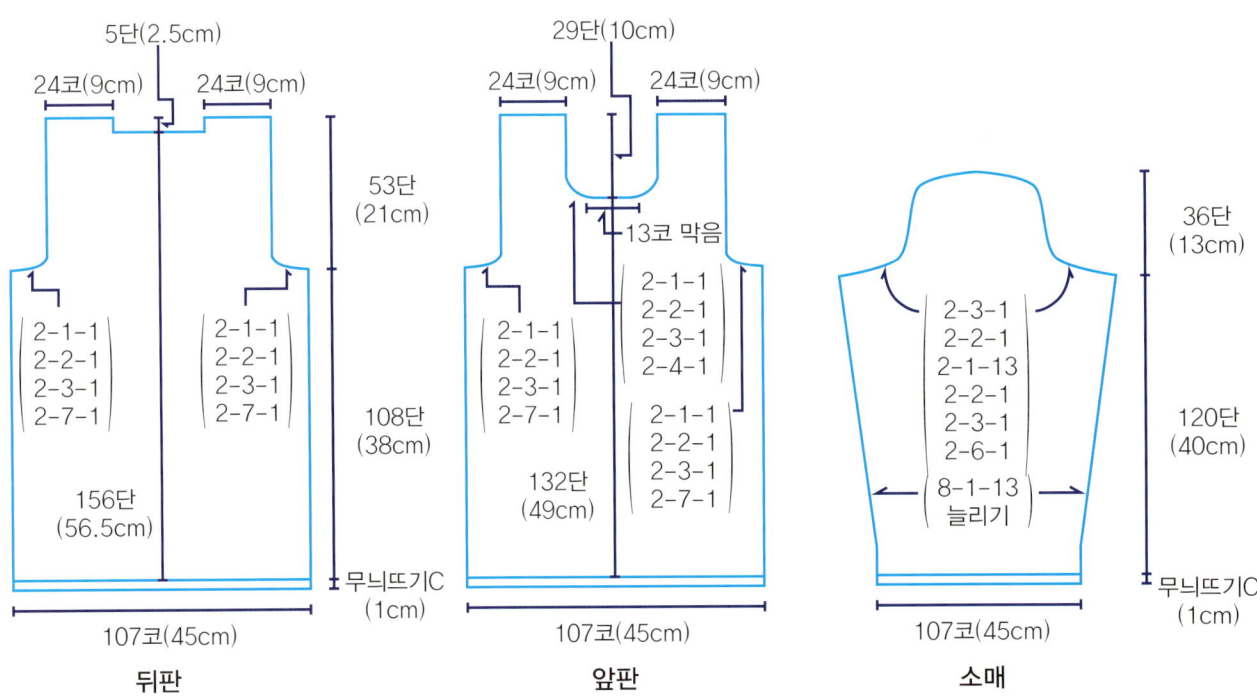

뒤판 / 앞판 / 소매

## 만드는 방법

### 뒤판
1. 4mm 대바늘로 기본코 107코를 만들어 무늬뜨기 A(26코 24단-1무늬) 4무늬 + 3코로 시작한다.
2. 무늬뜨기 108단을 뜨고 진동 둘레를 만든다.(도안 1 참고)
3. 진동 둘레부터 48단을 뜨고 양 어깨코 24코만 5단을 떠서 뒤 목둘레를 만든다.(도안 1 참고)

### 앞판
1. 4mm 대바늘로 기본코 107코를 만들어 무늬뜨기 A 4무늬 + 3코로 시작해 108단을 뜨고 진동 둘레를 만든다.(도안 2 참고)
2. 진동 둘레부터 24단을 뜨고 앞 목둘레를 만든다.(도안 2 참고)

### 소매
1. 4.5mm 대바늘로 기본코 81코를 만들어 무늬뜨기 A 3무늬 + 3코로 시작해 12단을 뜬 뒤 4mm 대바늘로 바꾸어 뜬다.
2. 소매뜨기는 도안 1을 참고하여 코 늘림과 줄임을 한다.
3. 소매는 2장을 뜬다.

## 단

1. 돗바늘로 옆 솔기들을 이어 붙여 준다.
2. 목단은 줄바늘 3mm로 목둘레에서 132코를 주워 무늬뜨기 B로 14단을 뜨고 돗바늘로 마무리한다.
3. 몸판 밑단은 코바늘 5호로 무늬뜨기 C 71무늬를 뜬다.
4. 소매 밑단은 코바늘 5호로 무늬뜨기 C 20무늬를 뜬다.

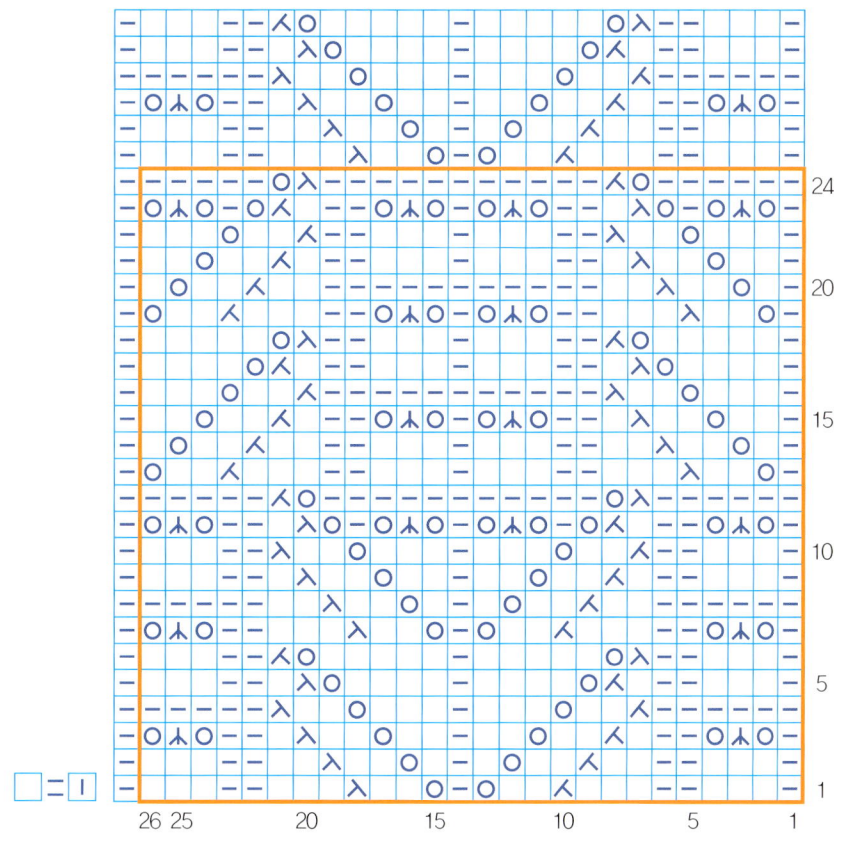

무늬뜨기 A(26코 24단 1무늬)

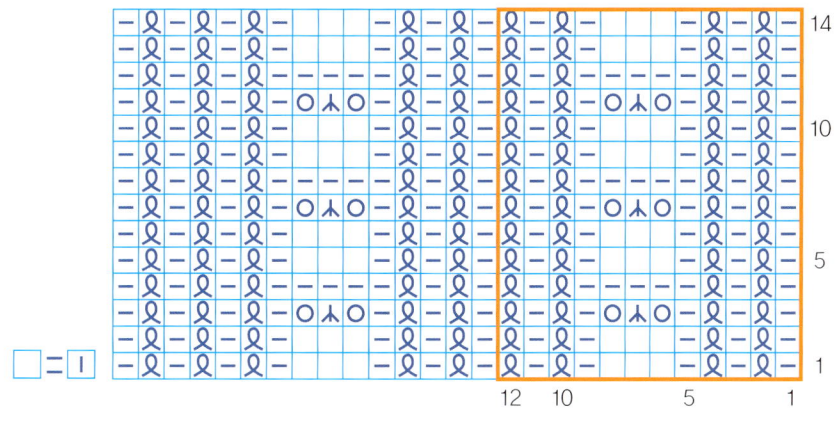

무늬뜨기 B(12코 14단 1무늬)

무늬뜨기 C

## 도안 2

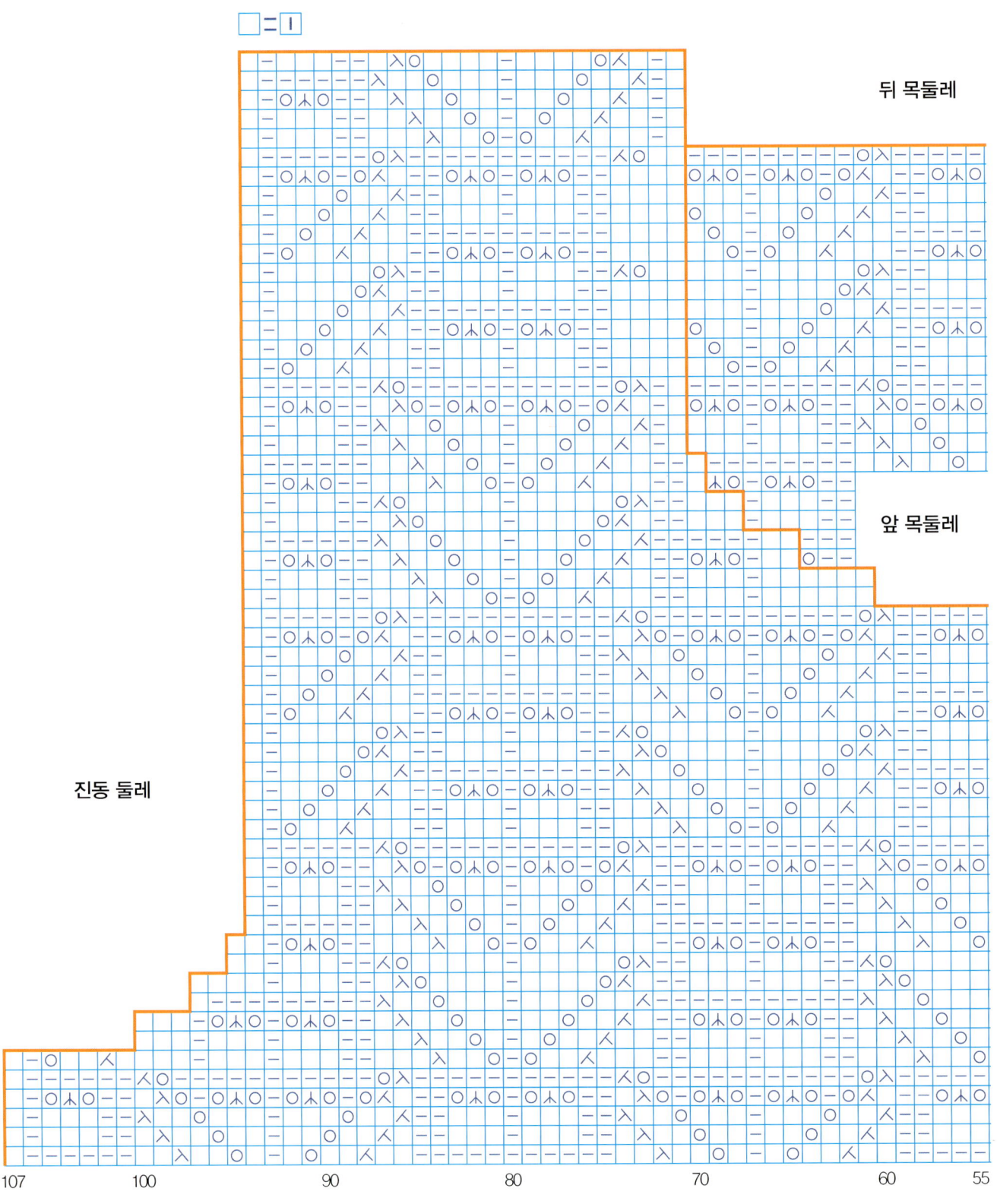

뒤 목둘레
앞 목둘레
진동 둘레
앞, 뒤판

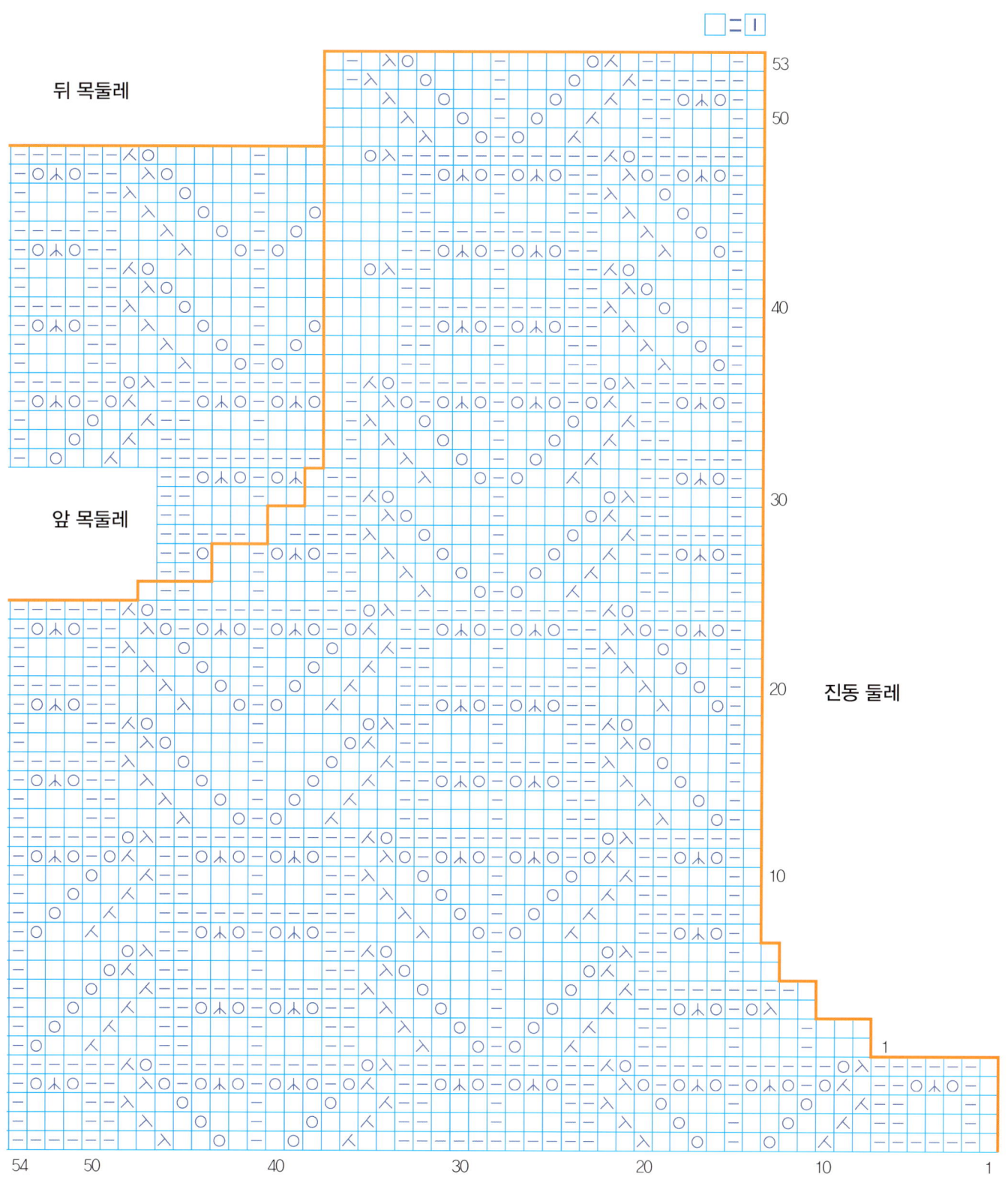

앞, 뒤판

# 흰색 반폴라 T셔츠

**완성 치수:** 가슴둘레 84cm, 길이 56cm, 소매길이 54.4cm
**재료 및 도구:** 실 - 메리노 골드(흰색), 대바늘 4mm, 줄바늘 3mm, 돗바늘
**게이지(10cm x10cm):** 27코 29단
**작품 사진:** 9쪽

### 도안 1

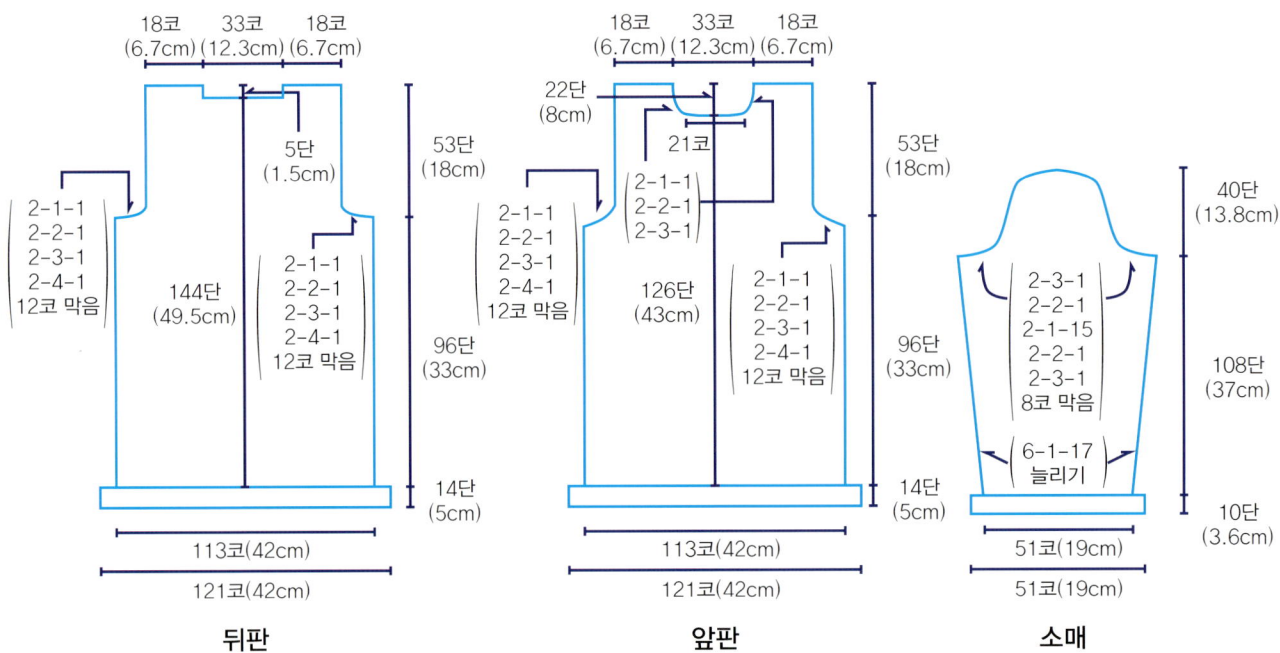

뒤판     앞판     소매

## 만드는 방법

### 뒤판

1. 3mm 줄바늘을 이용해 메리노 골드(흰색) 1올로 흔들코 121코를 만들어 무늬뜨기 B(12코 4단-1무늬) 12무늬 + 1코로 14단을 뜬다.
2. 4mm 대바늘로 바꾸어 무늬뜨기 A 5무늬 + 3코를 만드는데 무늬 중간에 코 줄임을 하여 시작코 121코를 113코로 만들고 무늬뜨기 96단을 뜬다.
3. 양옆 가장자리를 각각 코 줄임하여 진동 둘레를 만든다. 코 줄임은 도안 1을 참고한다.(도안 2 참고)
4. 뒤 목둘레는 진동 둘레 부분부터 48단을 뜨고 각 어깨코 18코만 5단을 더 뜬다.

### 앞판

1. 앞판은 뒤판과 같은 방법으로 진행해서 진동 둘레까지 만든다. (도안 1, 2 참고)
2. 앞 목둘레는 진동 둘레 코 줄임부터 30단을 뜨고 중심에 21코를 남기고 각각 코 줄임을 한다. (도안 1, 2 참고)

## 소매

1. 3mm 줄바늘과 메리노 골드(흰색) 1올로 흔들코 56코를 만들어 무늬뜨기 B 4무늬 + 8코로 시작해 10단을 뜬다.
2. 4mm 대바늘로 바꾸어 무늬뜨기 A 2무늬 + 9코(51코)로 시작해 뜨며 양옆 가장자리를 코 늘림한다.(코 늘림은 도안 1 참고)
3. 무늬뜨기 A로 108단을 뜬 뒤에 소매산 만들기 코 줄임을 한다.(도안 1 참고)
4. 소매는 똑같이 2장을 뜬다.

## 단

1. 몸판은 옆 솔기를 돗바늘로 이어 주고 어깨코도 앞, 뒤판을 맞대어 붙여 준다.
2. 소매도 몸판에 붙여 준다.
3. 목둘레는 3mm 줄바늘로 목둘레에서 108코를 주워 무늬뜨기 B 9무늬로 18단을 뜨고 돗바늘로 마무리한다.

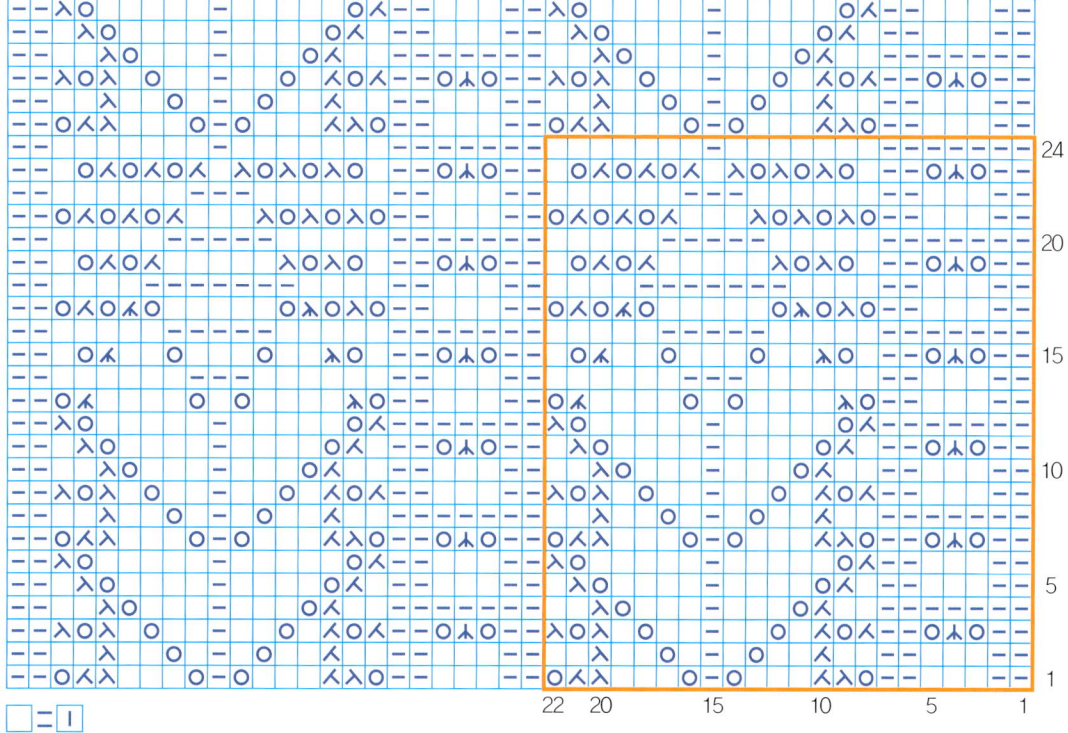

무늬뜨기 A(22코 24단 1무늬)

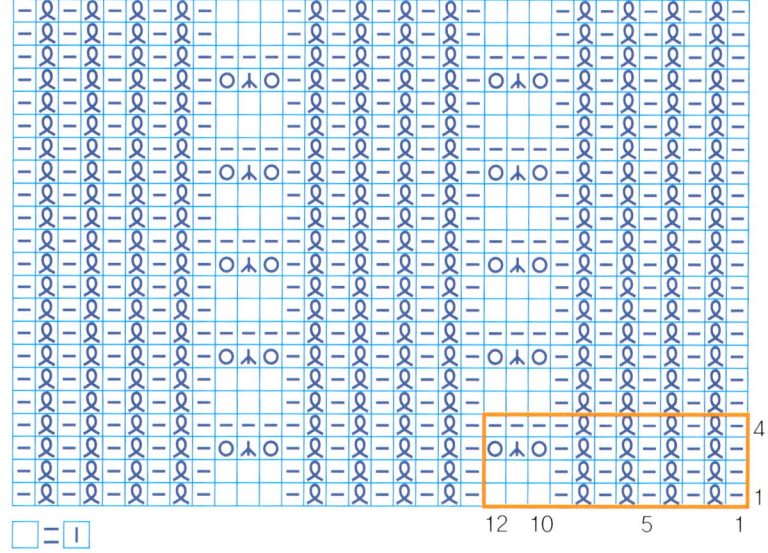

무늬뜨기 B(12코 4단 1무늬)

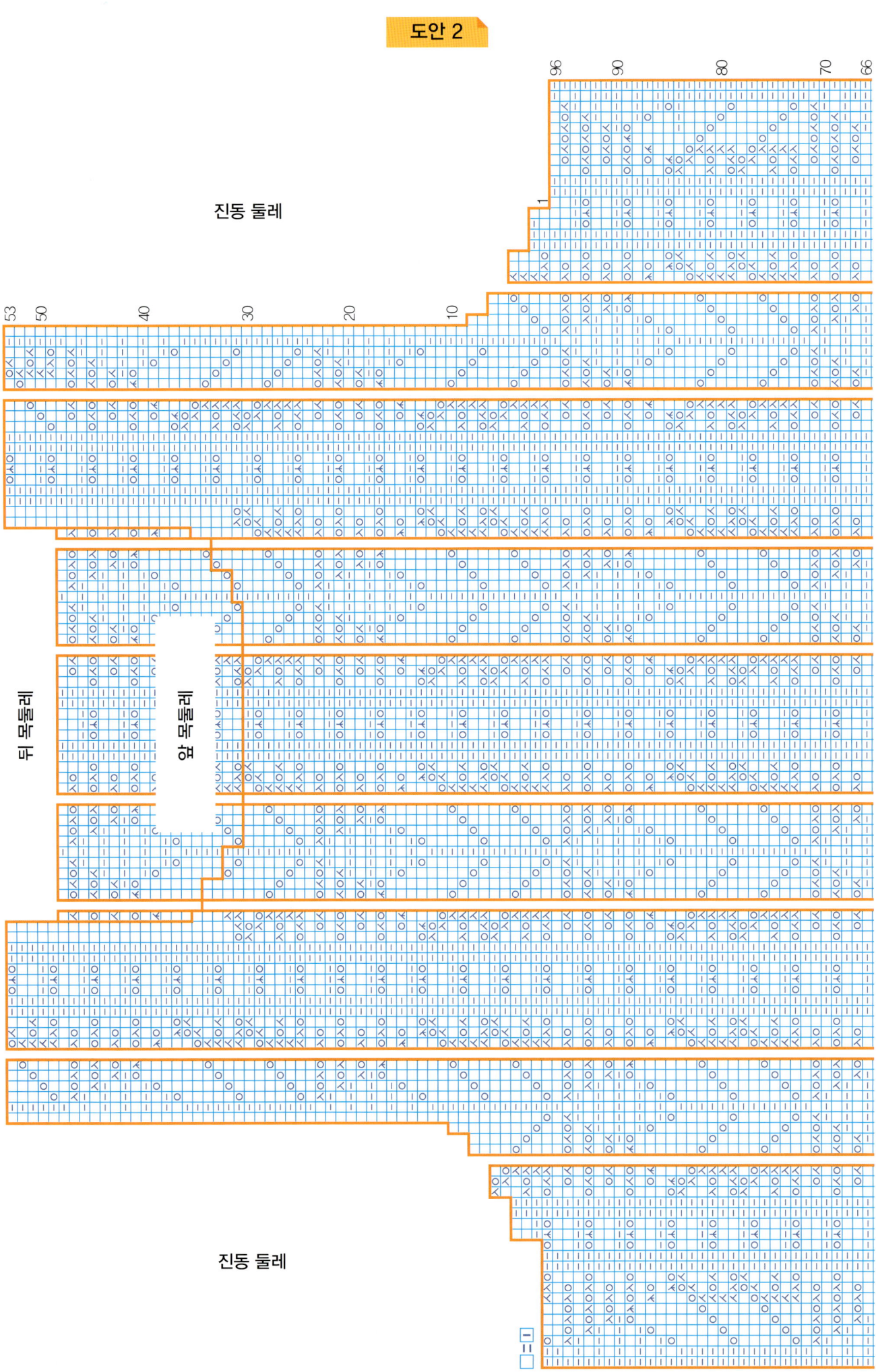

## 도안 2

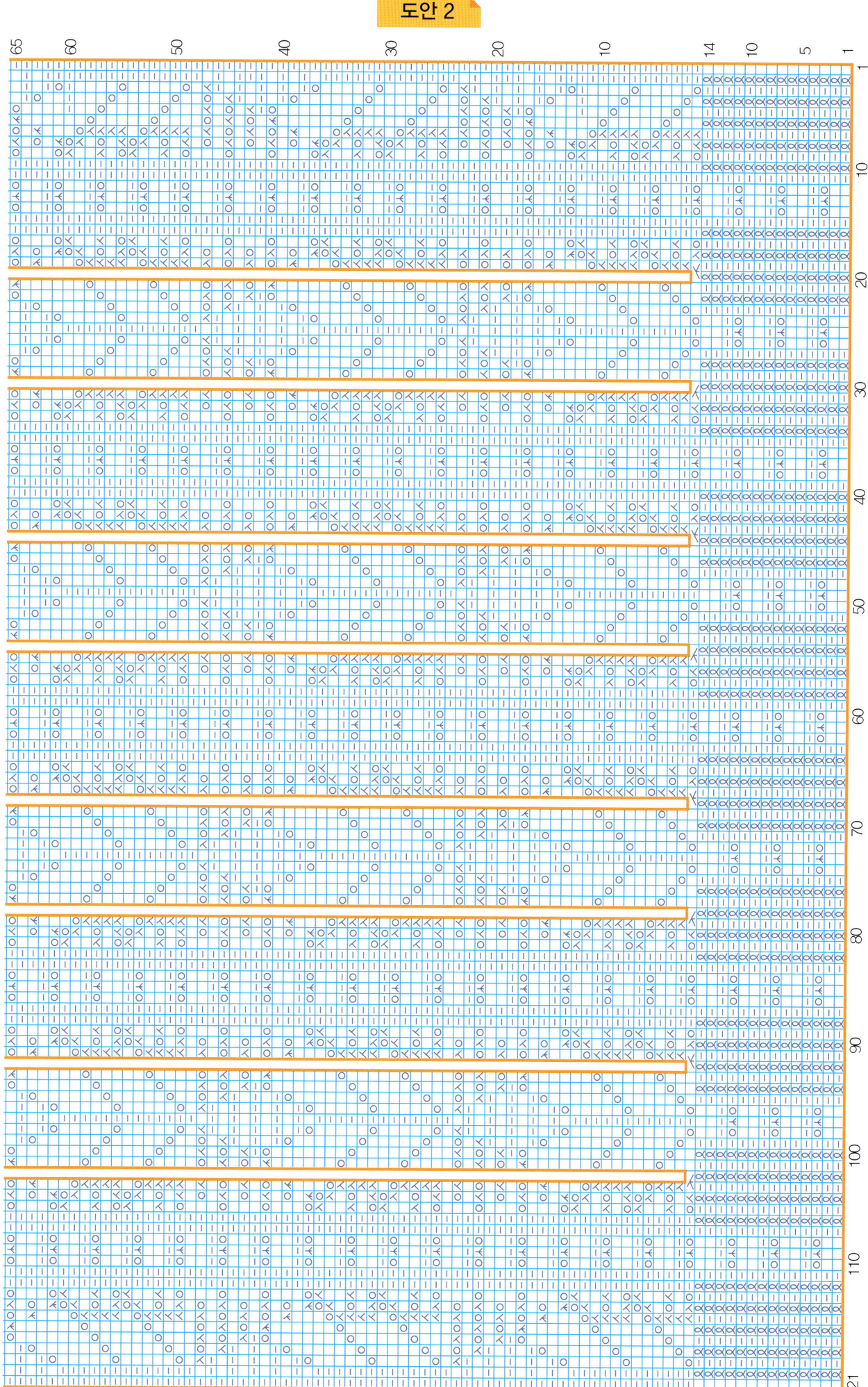

# 분홍빛 캐시미어 봄 T셔츠

**완성 치수:** 가슴둘레 92cm, 길이 69cm, 소매길이 60.5cm
**재료 및 도구:** 실 – 캐시미어(분홍색), 줄바늘 2.5mm, 3.5mm, 돗바늘
**게이지(10cm x10cm):** 32코 25단
**작품 사진:** 10쪽

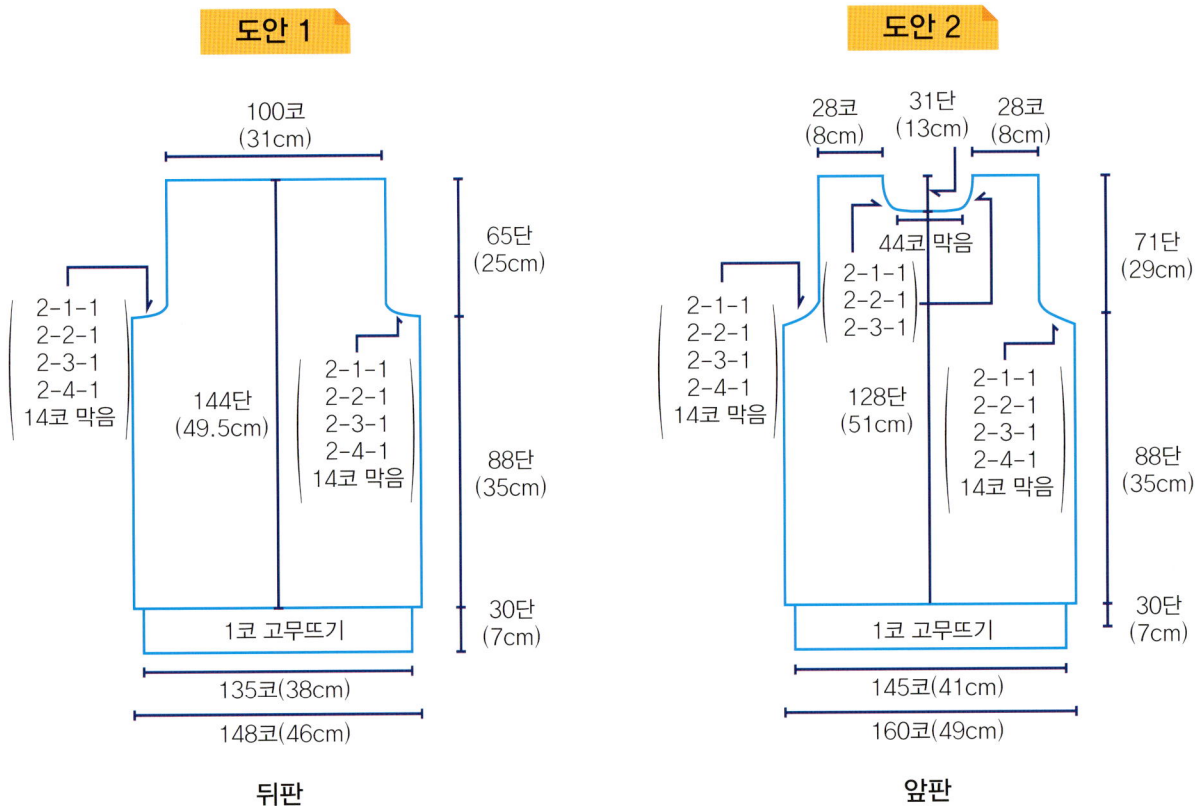

뒤판 · 앞판

## 만드는 방법

### 뒤판

1. 줄바늘 2.5mm와 캐시미어 한 올로 흔들코 135코를 만들어 1코 고무뜨기로 30단을 뜬다.
2. 3.5mm 줄바늘로 바꾸어 중간중간 코를 늘려 148코가 되도록 하고 무늬뜨기 A 12무늬 + 4코로 시작하여 88단을 뜬다.
3. 도안 1 뒤판을 참고해 진동 둘레 코 줄임을 하고, 코 줄임부터 65단을 뜨고 마친다.

### 앞판

1. 줄바늘 2.5mm와 캐시미어 한 올로 흔들코 145코를 만들어 1코 고무뜨기로 30단을 뜬다.
2. 줄바늘 3.5mm로 바꿔 160코가 될 때까지 중간중간 코를 늘리고 무늬뜨기 A 13무늬 + 4코로 시작해서 88단을 뜬다.
3. 도안 2 앞판을 참고해 진동 둘레 코 줄임을 하고 코 줄임부터 40단을 뜬 뒤, 도안 2 앞판을 참고하여 앞 목둘레를 만든다.
4. 어깨코 28코를 뒤판보다 6단 더 뜨고 앞, 뒤판을 붙이고 돗바늘로 옆 솔기를 이어 준다.

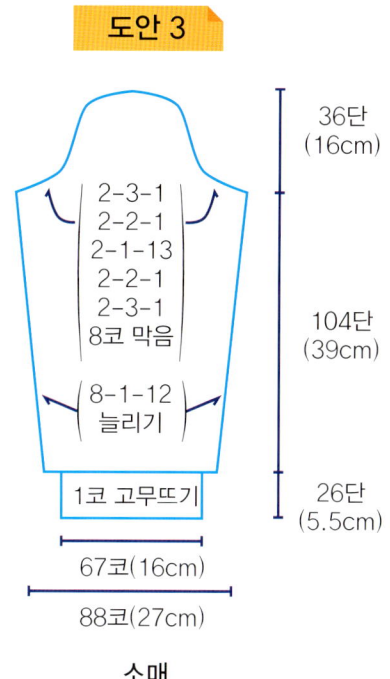

소매

### 소매

1. 줄바늘 2.5mm와 캐시미어 한 올로 흔들코 67코를 만들어 1코 고무뜨기로 26단을 뜬다.
2. 줄바늘 3.5mm로 바꾸어 88코가 되도록 중간중간 코 늘림을 해 주고 무늬뜨기 A 7무늬 + 4코로 시작해 104단을 뜨는데 8단마다 양옆 가장자리를 각 1코씩 늘리기를 12번 한다. 도안 3을 참고하여 소매산 만들기를 한다.
3. 한 장을 더 떠서 돗바늘로 옆 솔기를 이어 몸판에 달아 준다.

### 마무리

1. 몸판이 완성되면 2.5mm 줄바늘을 이용해 목둘레에서 128코를 주워 1코 고무뜨기로 12단을 뜨고 돗바늘로 마감하여 완성한다.

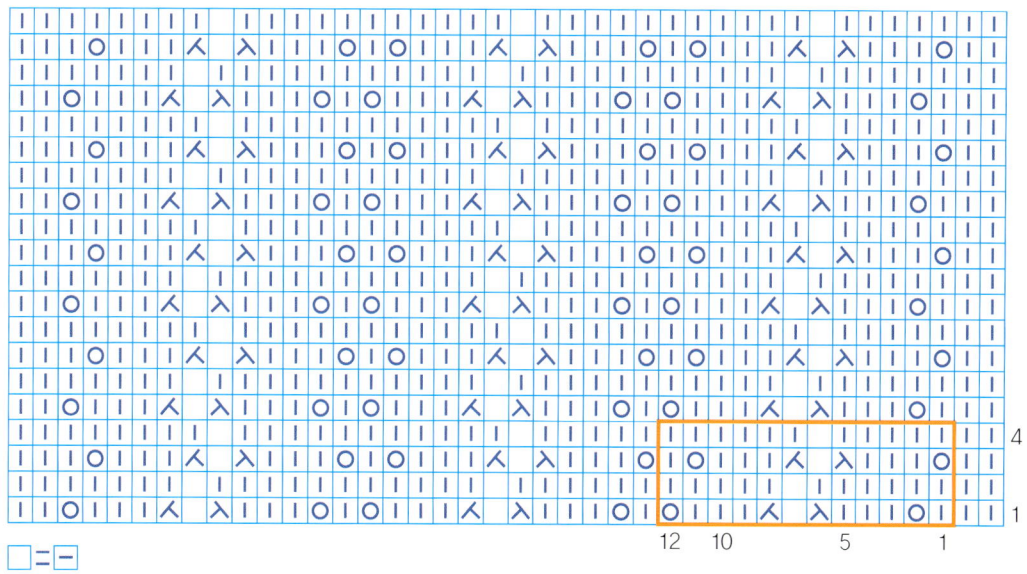

무늬뜨기 A(12코 4단 1무늬)

# 림보 나염 반폴라 T셔츠

**완성 치수:** 가슴둘레 104cm, 길이 62cm, 소매길이 63.5cm
**재료 및 도구:** 실 – 림보(나염), 검정 금사, 줄바늘 3.5mm, 5mm, 모사용 코바늘 5호, 돗바늘
**게이지(10cm x10cm):** 29코 29단
**작품 사진:** 11쪽

### 도안 1

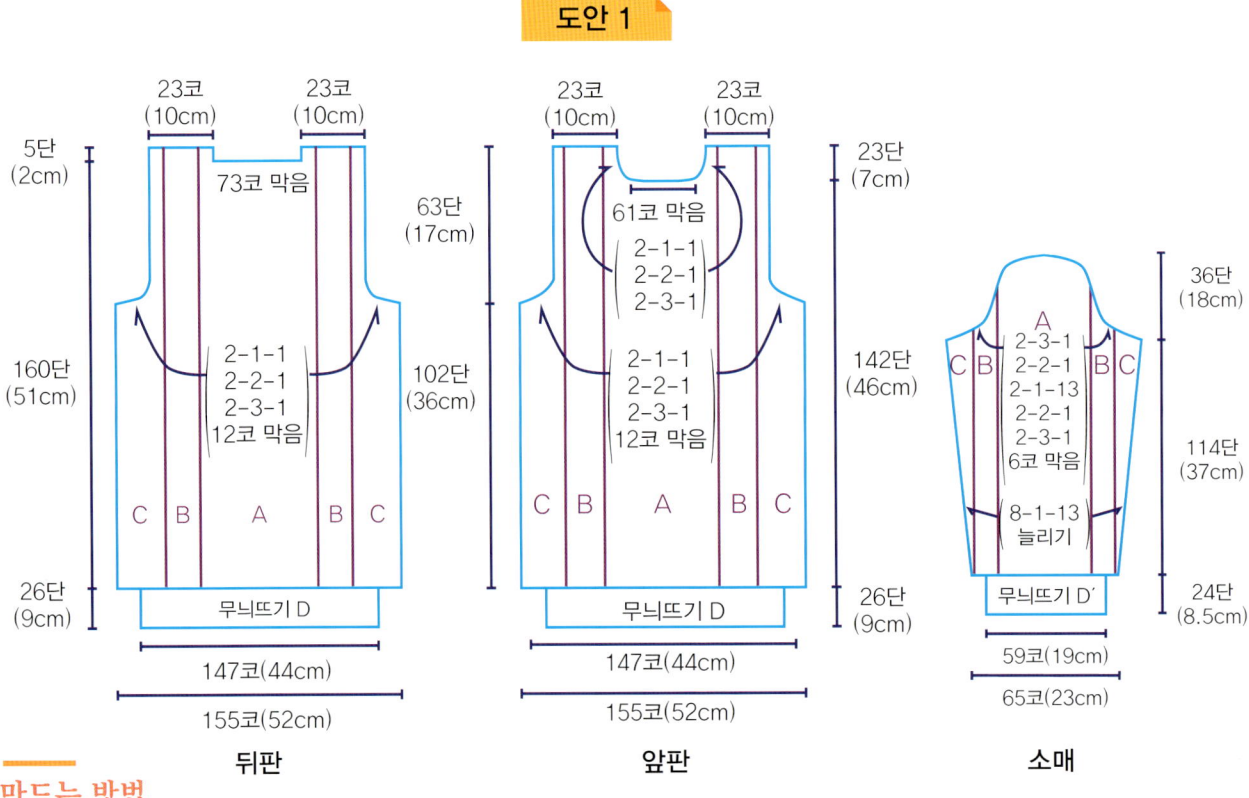

뒤판     앞판     소매

## 만드는 방법

### 뒤판

1. 림보 1올과 검정 금사 1올을 합사하여 3.5mm 줄바늘로 흔들코 147코를 만들고 무늬뜨기 D 18무늬 + 3코로 시작해서 26단을 뜬다.
2. 5mm 줄바늘로 바꾸어 중간중간 코 만들기로 8코를 늘려 155코가 되도록 한다.
3. 도안 1을 참고하여 무늬뜨기 C+B+A+B+C로 배치해 무늬뜨기 102단을 뜨고 진동 둘레 코 줄임을 한다.
4. 뒤 목둘레는 무늬뜨기 160단을 뜨고 양 어깨코 23코를 5단 더 뜨고 마친다. 가운데 73코 막음코로 마무리한다.

### 앞판

1. 뒤판과 동일한 방법으로 시작하여 진동 둘레 코 줄임까지 뜬다.
2. 앞 목둘레는 무늬뜨기 142단을 뜨고 가운데 61코는 막음코로 마무리하고 가장자리는 각각 2-3-1, 2-2-1, 2-1-1로 줄여 어깨코가 23코가 되게 하고 뒤판 길이와 동일하게 맞추어 뜬 뒤 마무리한다.

### 소매

1. 림보 1올과 검정 금사 1올을 합사하여 3.5mm 줄바늘로 흔들코 59코를 만들고 무늬뜨기 D´ 7무늬 + 3코로 시작해 24단을 뜬다.
2. 5mm 줄바늘로 바꿔 중간중간 코 늘림 6코를 해 주어 65코가 되게 한다.
3. 무늬뜨기 B+A+B + 2코로 시작하여 무늬뜨기 114단을 뜨는데 8단마다 양 옆자리에 1코씩 늘리기를 13회 해 준다.
4. 소매산 만들기는 도안을 참고해 코 줄임을 하여 완성한다.
5. 똑같이 한 장을 더 뜬다.

## 단

1. 목단은 합사한 실과 3.5mm 줄바늘로 목둘레에서 123코를 주워 무늬뜨기 D˝ 22단을 뜨고 돗바늘로 꿰매어 마무리한다.
2. 앞뒤 몸판의 옆 솔기를 돗바늘로 꿰매 준다.
3. 양 소매도 각각 옆 솔기를 꿰매어 몸판에 달아 완성한다.

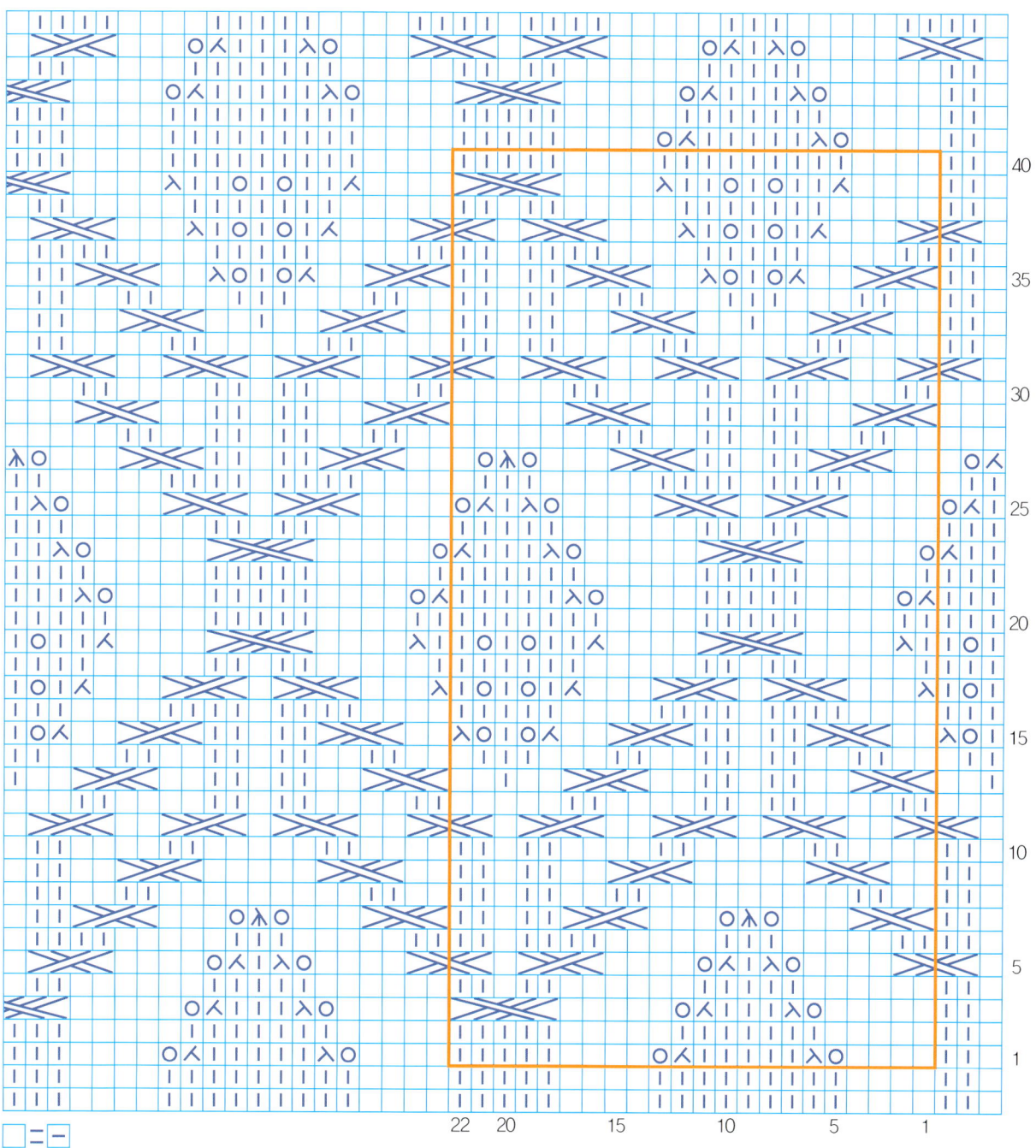

무늬뜨기 A(22코 40단 1무늬)

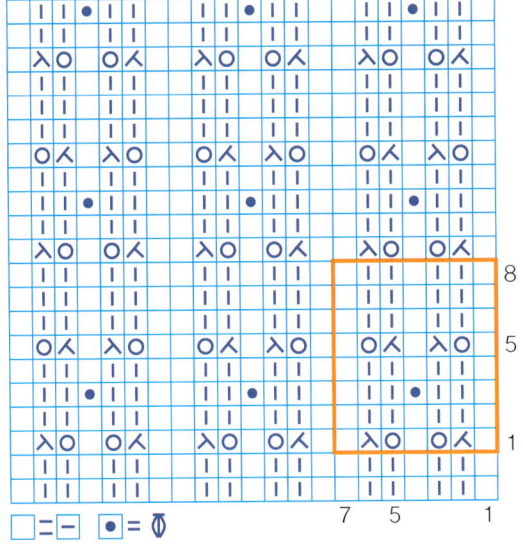

무늬뜨기 B(7코 8단 1무늬)

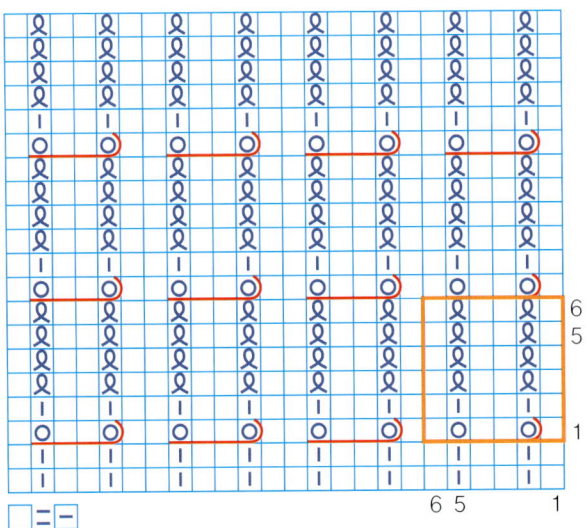

무늬뜨기 C(6코 6단 1무늬)

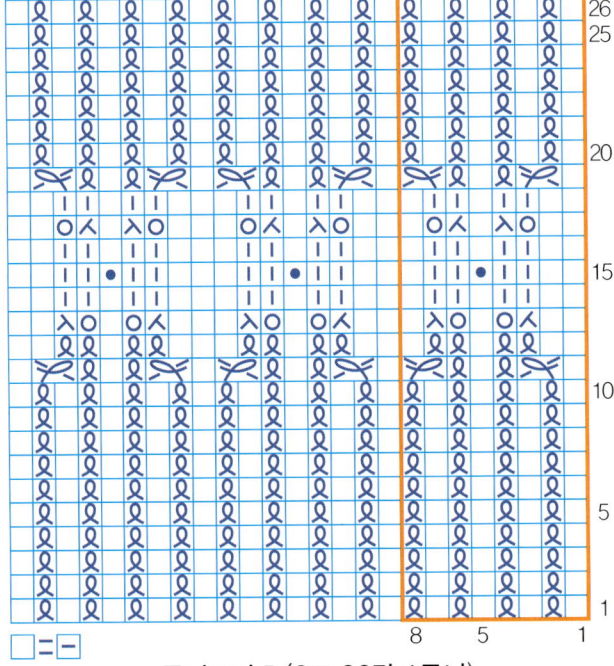

무늬뜨기 D(8코 26단 1무늬)

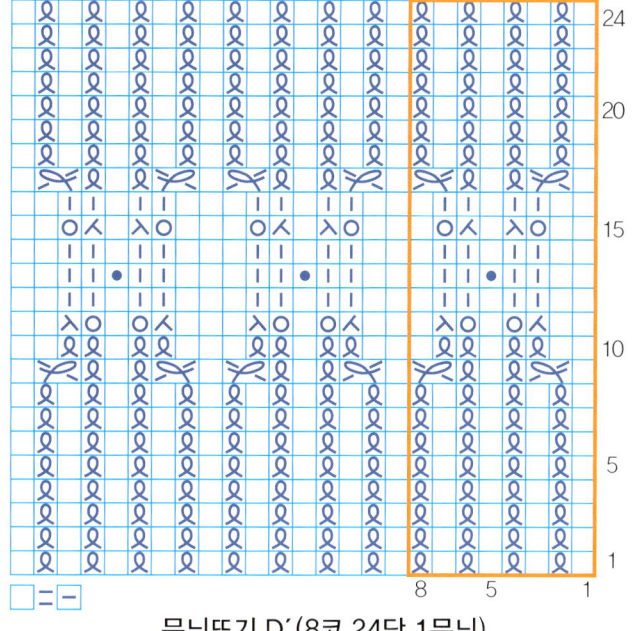

무늬뜨기 D´ (8코 24단 1무늬)

무늬뜨기 D˝ (8코 22단 1무늬)

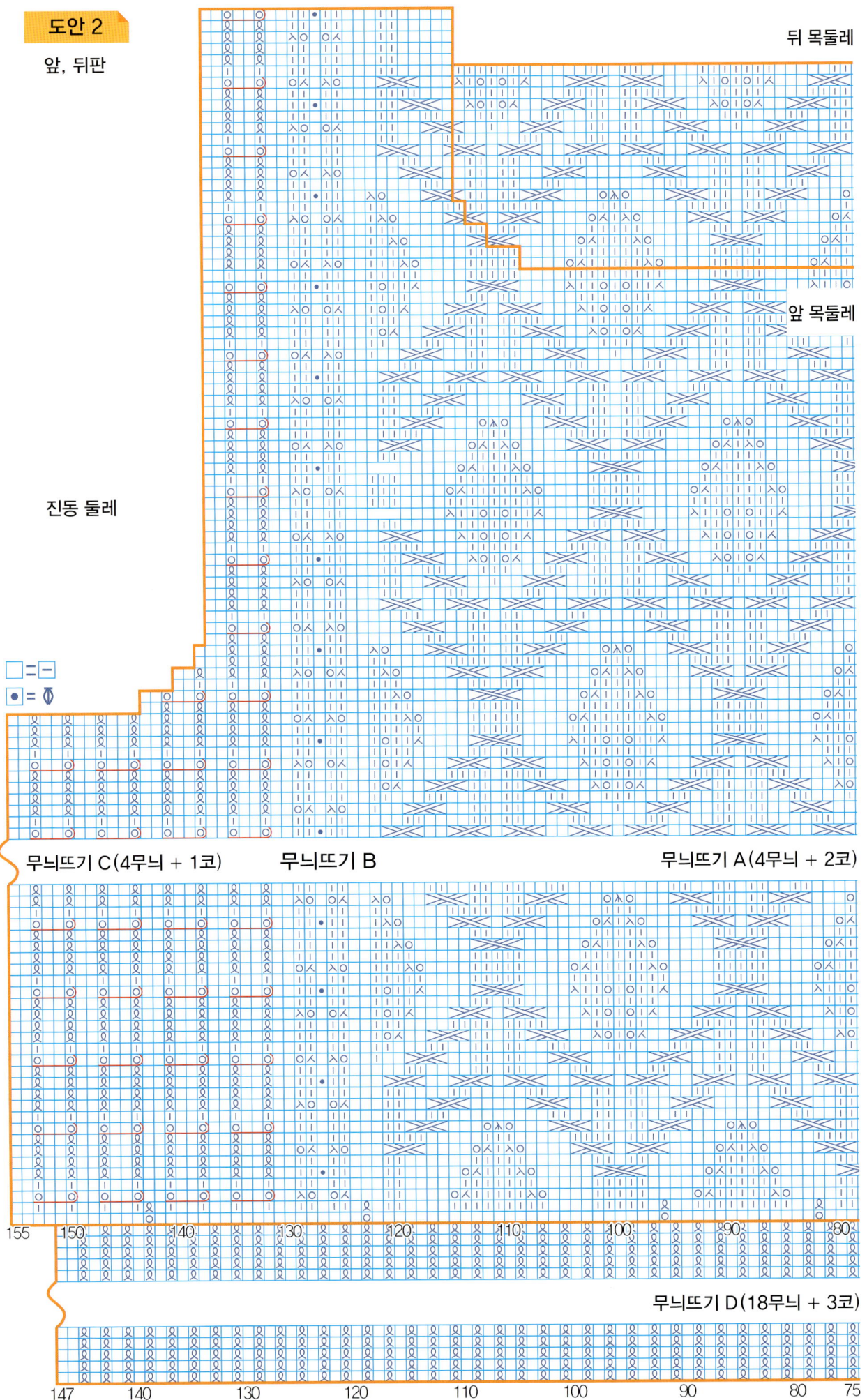

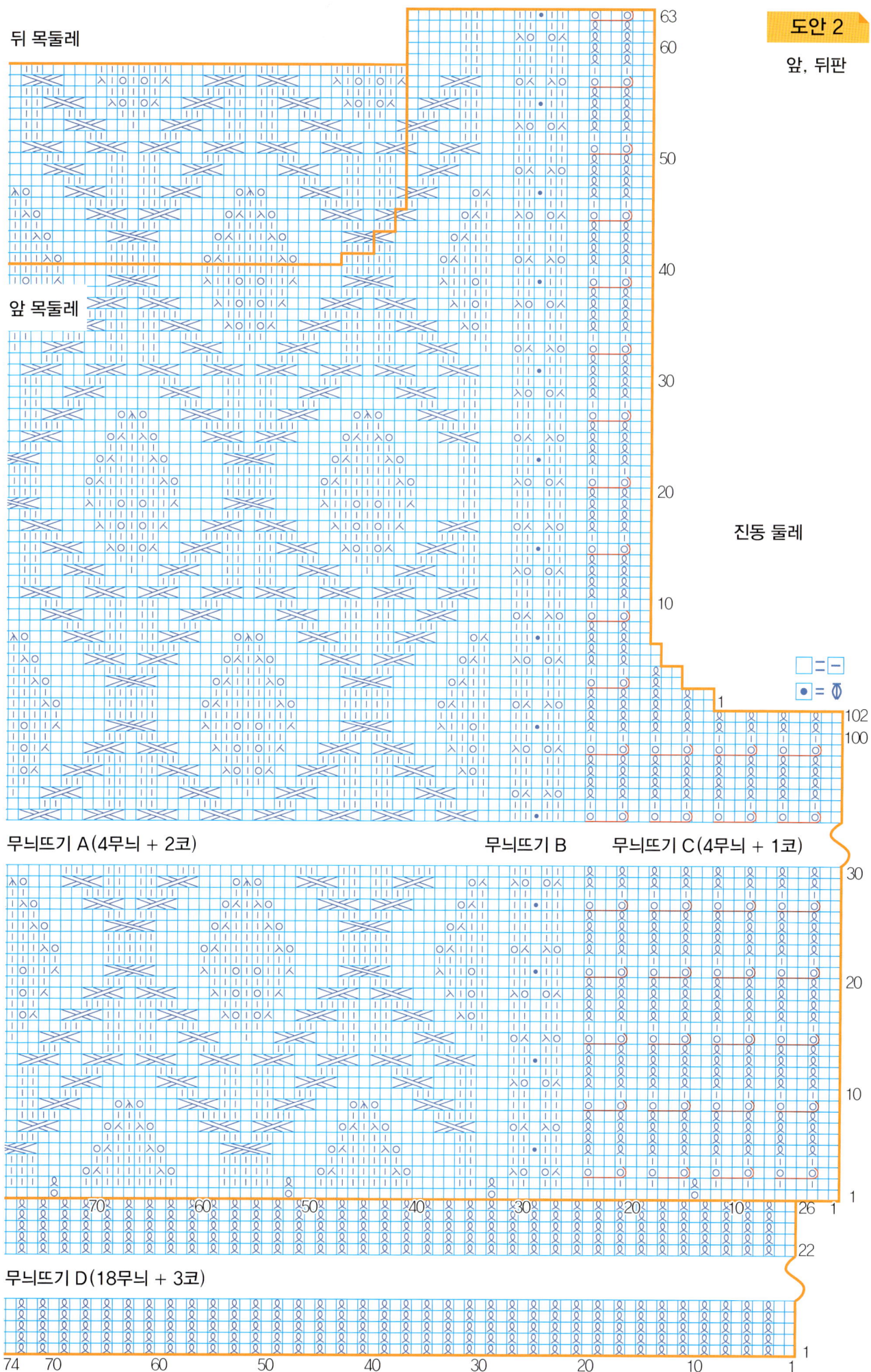

# 겨자색 T셔츠

**완성 치수:** 가슴둘레 96cm, 길이 60cm, 소매길이 60cm
**재료 및 도구:** 실 - 제일모직 장미사(겨자색), 줄바늘 2.5mm, 4mm, 돗바늘
**게이지(10cm x10cm):** 30코 37단
**작품 사진:** 12쪽

### 도안 1

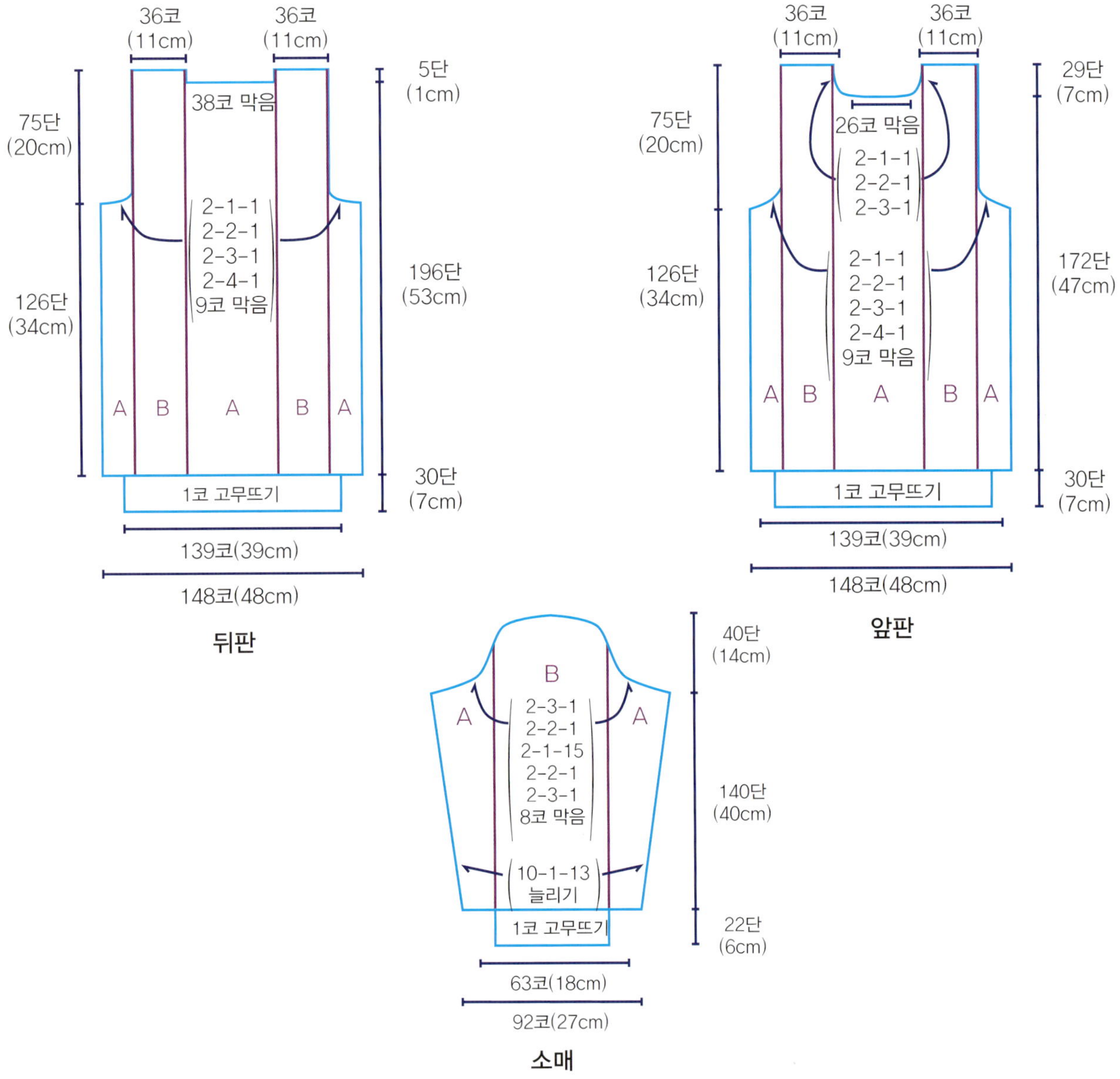

**뒤판**

- 36코(11cm) / 36코(11cm)
- 5단(1cm)
- 38코 막음
- 75단(20cm)
- 2-1-1, 2-2-1, 2-3-1, 2-4-1, 9코 막음
- 196단(53cm)
- 126단(34cm)
- A B A B A
- 1코 고무뜨기
- 30단(7cm)
- 139코(39cm)
- 148코(48cm)

**앞판**

- 36코(11cm) / 36코(11cm)
- 29단(7cm)
- 26코 막음
- 2-1-1, 2-2-1, 2-3-1
- 75단(20cm)
- 2-1-1, 2-2-1, 2-3-1, 2-4-1, 9코 막음
- 172단(47cm)
- 126단(34cm)
- A B A B A
- 1코 고무뜨기
- 30단(7cm)
- 139코(39cm)
- 148코(48cm)

**소매**

- 40단(14cm)
- B, A ... A
- 2-3-1, 2-2-1, 2-1-15, 2-2-1, 2-3-1, 8코 막음
- 140단(40cm)
- 10-1-13 늘리기
- 1코 고무뜨기
- 22단(6cm)
- 63코(18cm)
- 92코(27cm)

## 만드는 방법

### 뒤판

1. 2.5mm 줄바늘과 실 1올을 이용해 흔들코 139코를 만들고 1코 고무뜨기로 30단을 뜬다.
2. 4mm 줄바늘로 바꾸어 9코 늘림을 해 148코가 되게 하고 도안 2를 참고하여 무늬뜨기로 무늬를 배치한다.
3. 무늬뜨기로 126단을 뜨고 진동 둘레 코 줄임을 한다. 도안 1과 도안 2를 참고한다.
4. 무늬뜨기가 전체 196단이 되면 각 어깨코 36코만 5단씩 더 뜨고 마친다. 가운데 38코를 막음코로 마무리한다.

## 앞판

1. 시작은 뒤판 1~3과 동일하게 뜬다.
2. 무늬뜨기 172단을 뜨고 가운데 26코는 막음코로 마무리한다. 가장자리는 각각 코 줄임을 해 주고 어깨코 36코만 뒤판 길이와 동일하게 맞추어 마무리한다.
3. 앞뒤 양 어깨코는 붙여 주고 옆 솔기도 돗바늘로 이어 준다.

## 소매

1. 2.5mm 줄바늘과 실 한 올로 흔들코 63코를 만들어 1코 고무뜨기로 22단을 뜬다.
2. 4mm 줄바늘로 바꾸어 중간중간 코 늘림 29코를 해 주어 92코가 되게 한다. 도안 3을 참고하여 무늬뜨기를 한다.
3. 양옆 가장자리는 10단마다 1코 늘리기를 13회 한다.
4. 소매산 만들기는 도안 1, 3을 참고한다.
5. 똑같이 1장을 더 뜨고 각 옆 솔기를 이어 몸판에 달아 준다.

## 목단

1. 목단은 2.5mm 줄바늘과 실로 140코를 주워 1코 고무뜨기 30단을 뜨고 반으로 접어 안에서 돗바늘로 감침질해 완성한다.

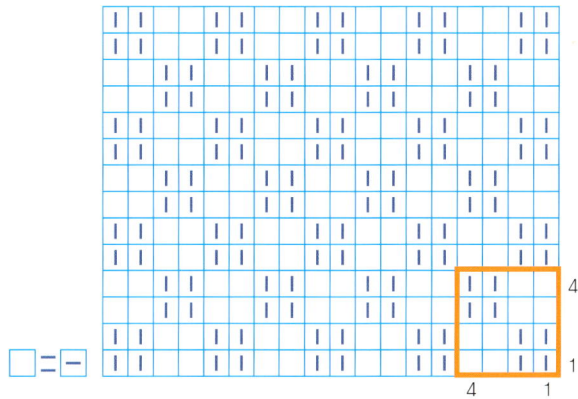

무늬뜨기 A(4코 4단 1무늬)

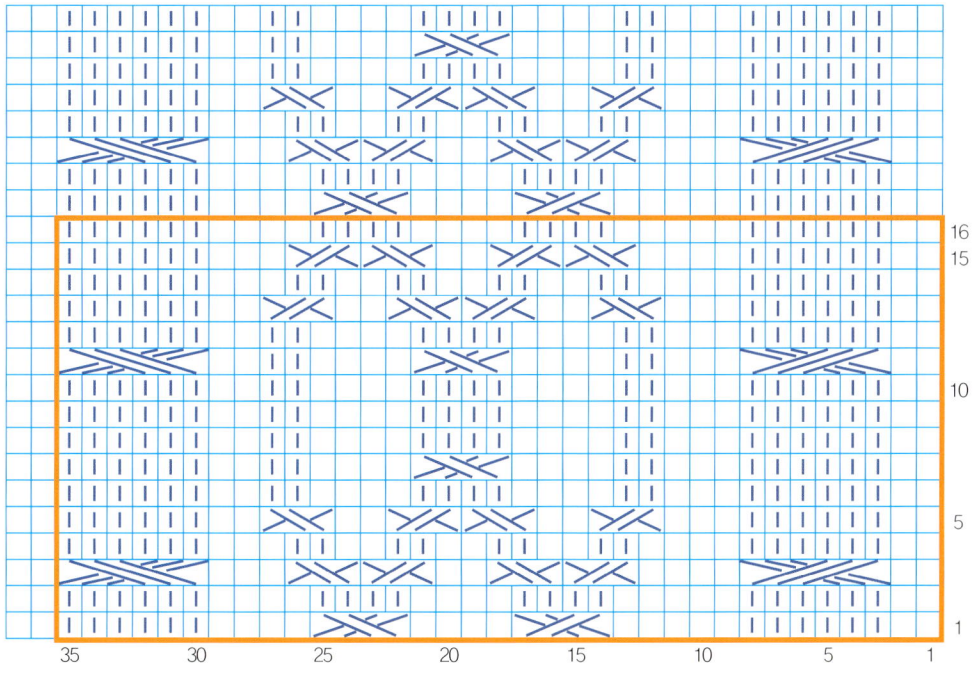

무늬뜨기 B(35코 16단 1무늬)

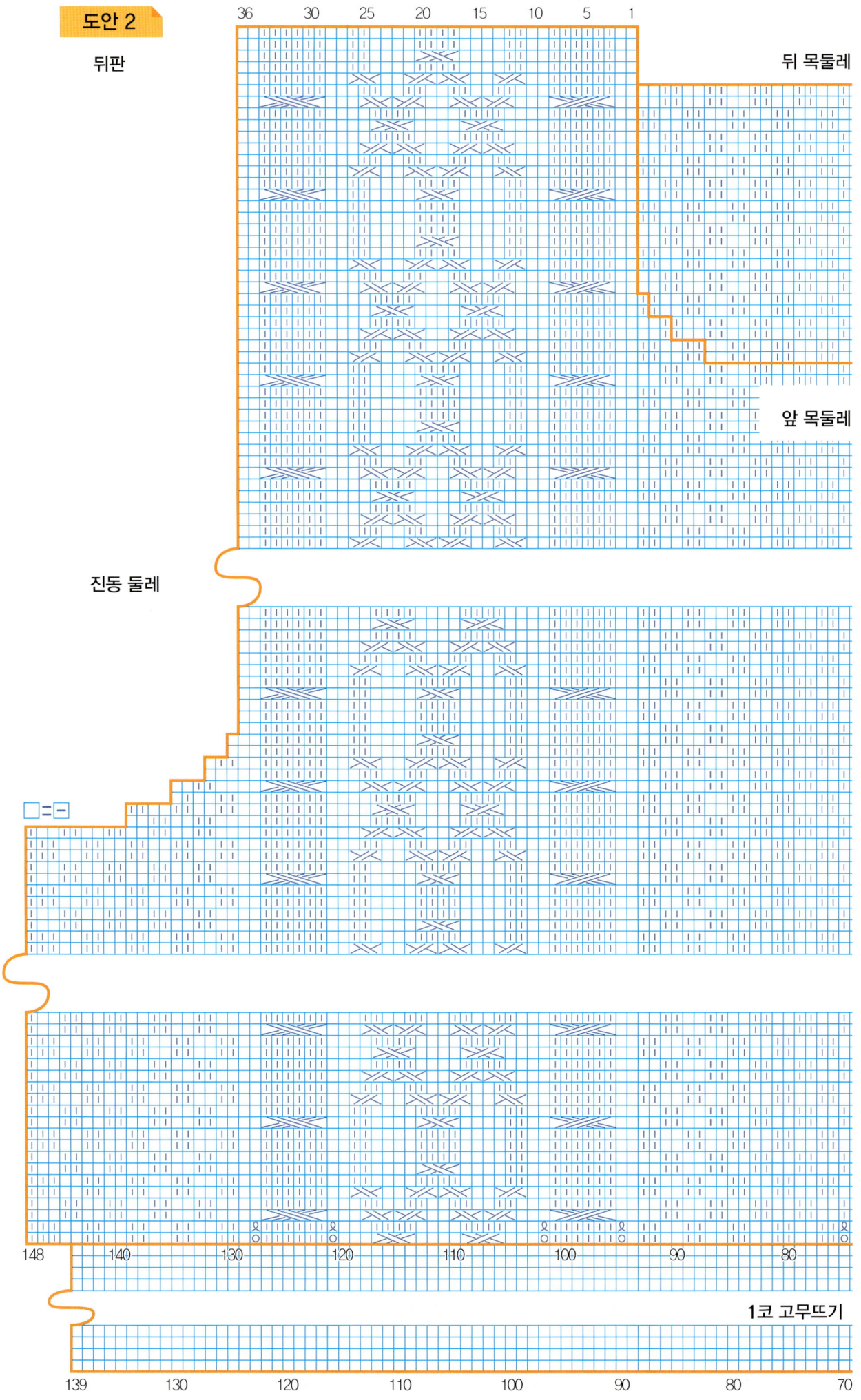

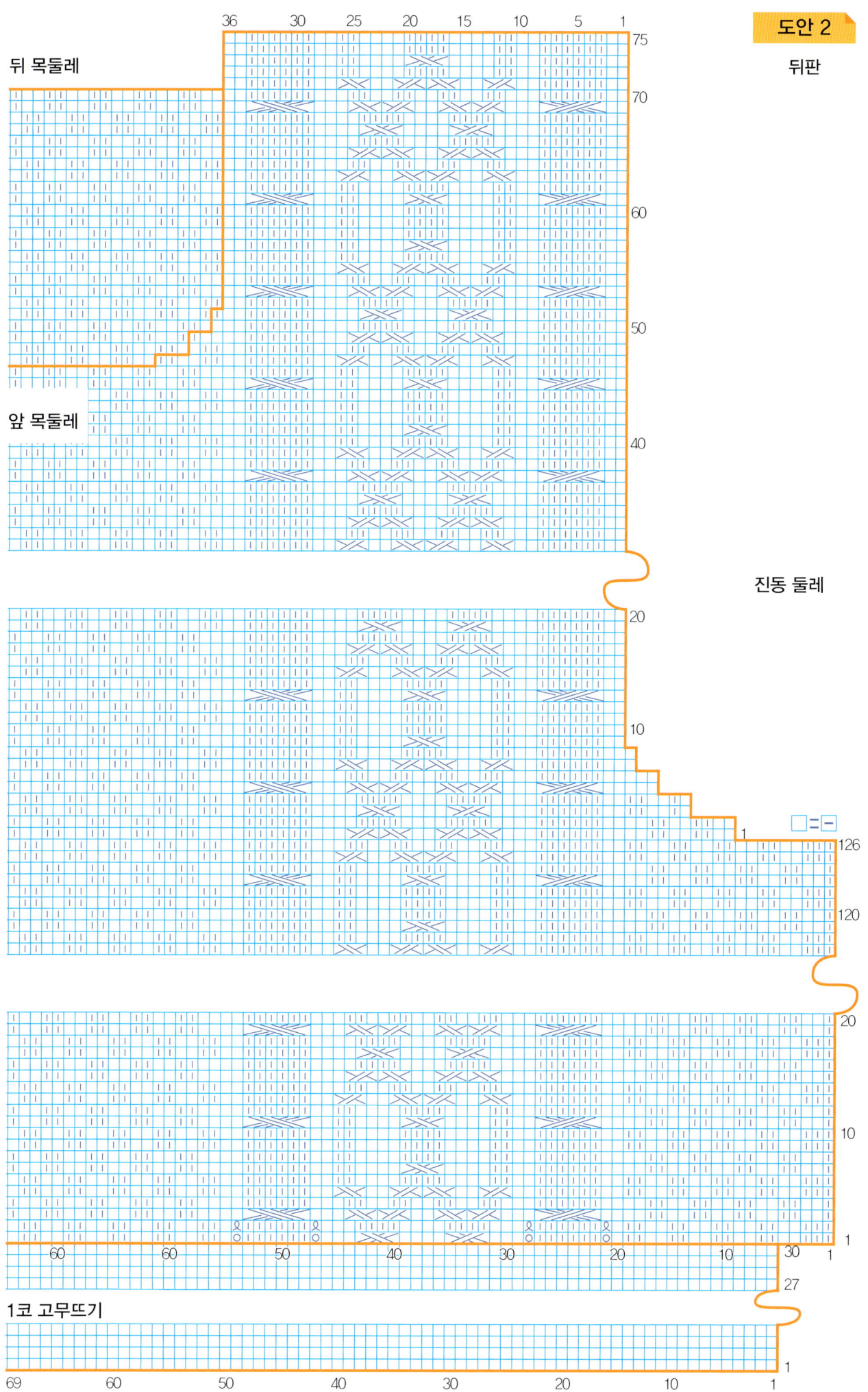

## 도안 3

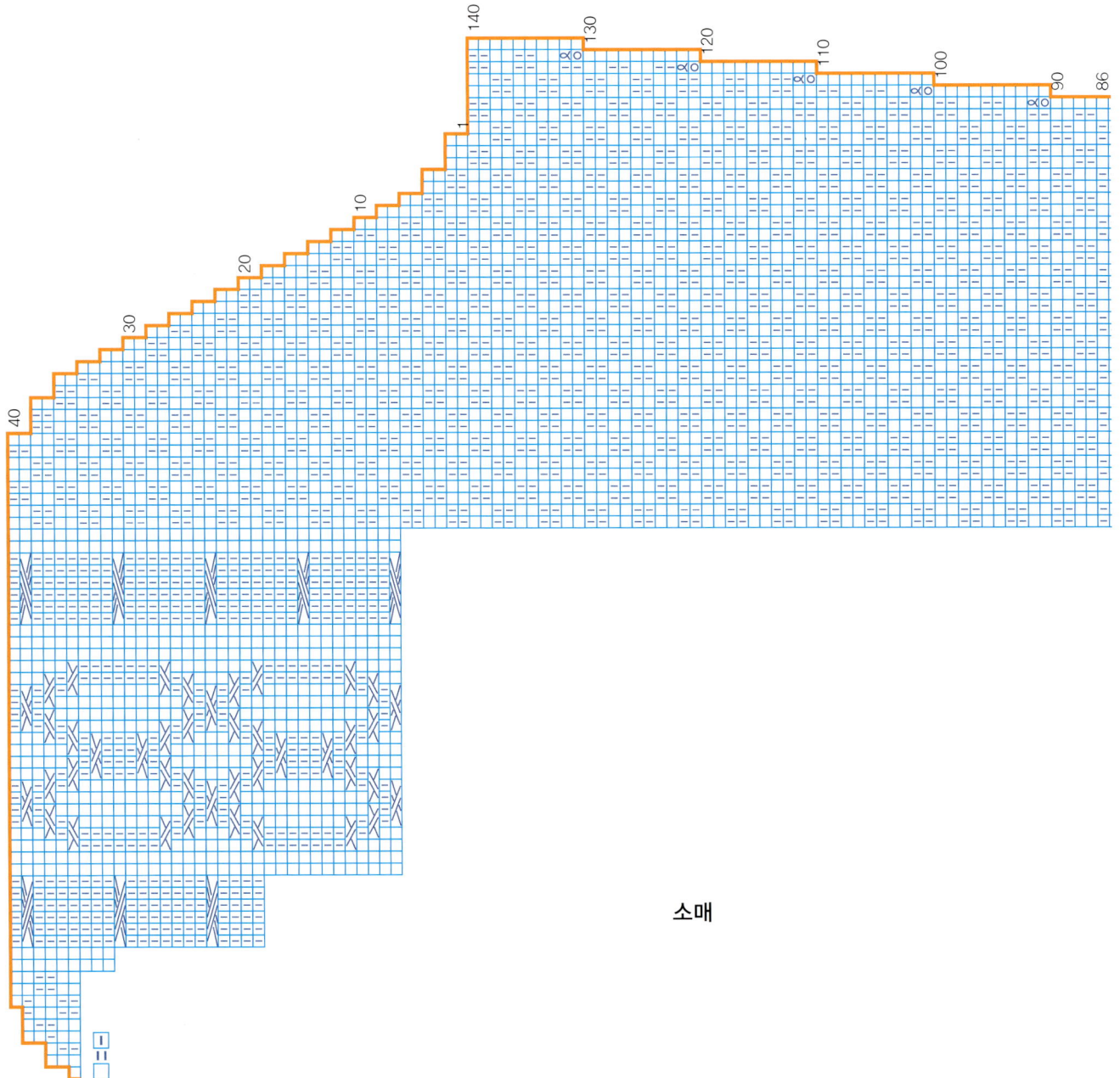

소매

도안 3

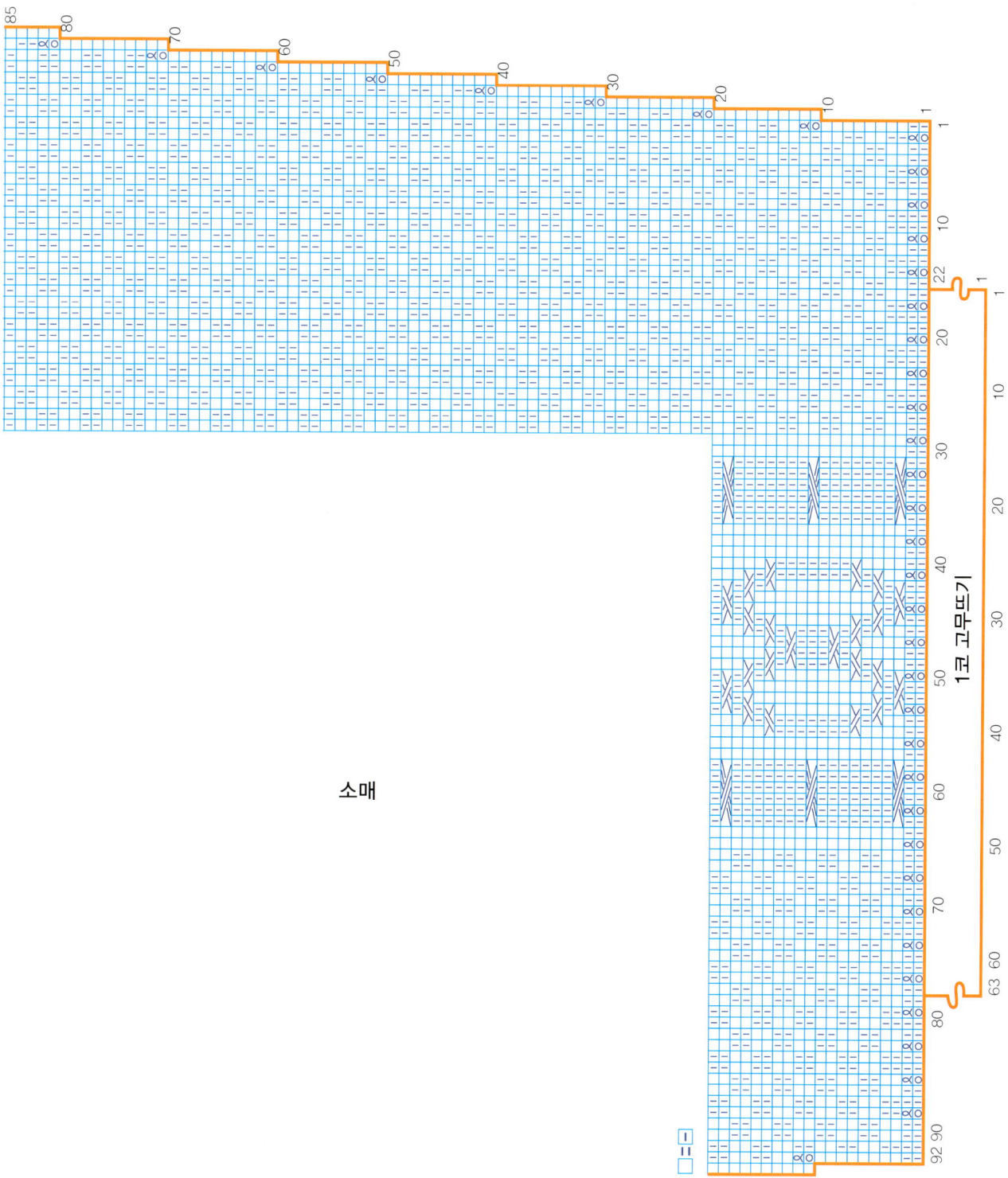

소매

# 자주색 리본칼라 롱셔츠

**완성 치수:** 가슴둘레 88cm, 길이 75cm, 소매길이 40cm
**재료 및 도구:** 실 – 슈퍼 밀레니엄(자주색), 줄바늘 3.5mm, 4mm, 돗바늘
**게이지(10cm x10cm):** 29코 32단
**작품 사진:** 13쪽

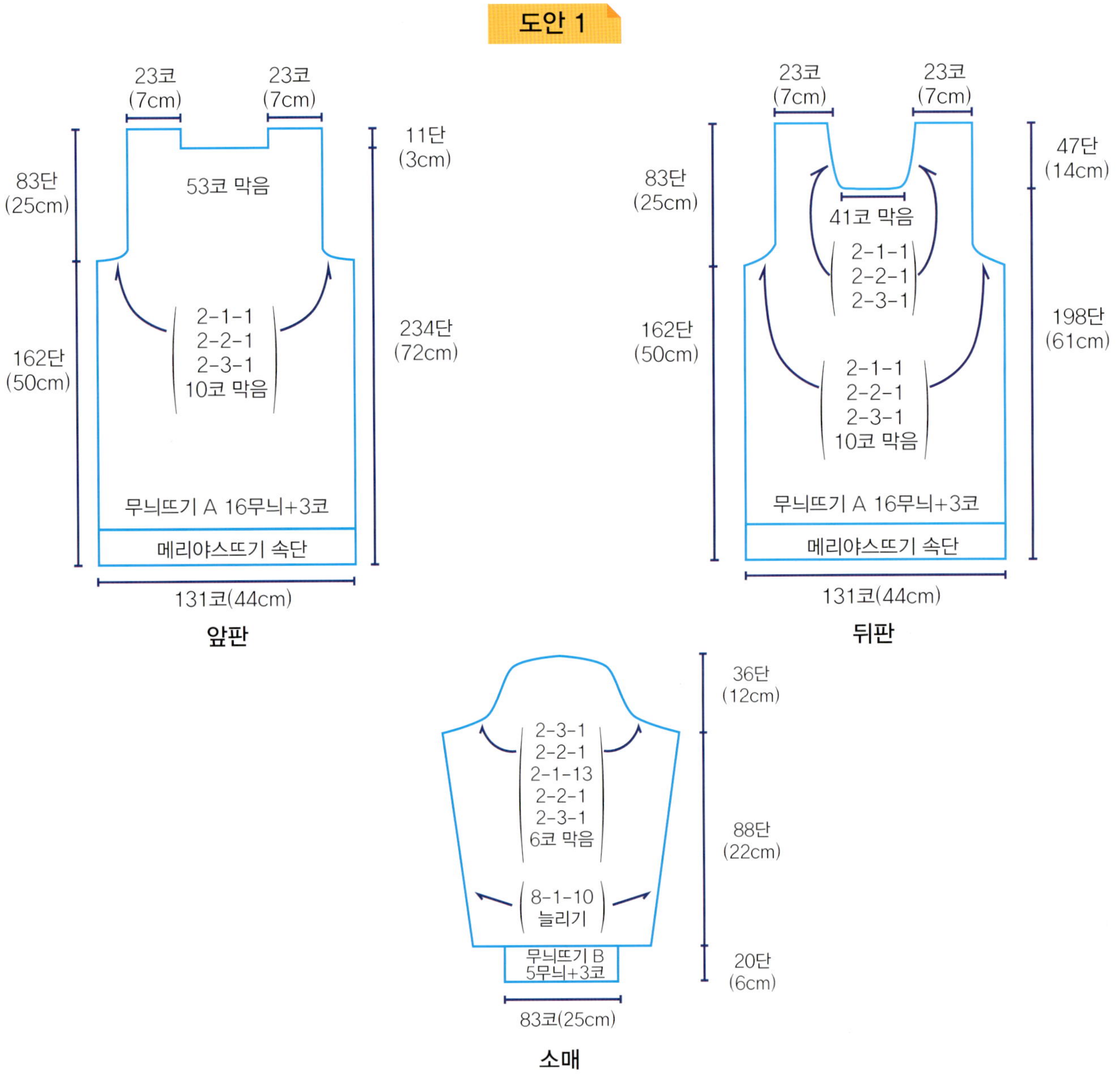

### 도안 1

**앞판**
- 23코 (7cm) / 23코 (7cm)
- 11단 (3cm)
- 83단 (25cm)
- 53코 막음
- 2-1-1, 2-2-1, 2-3-1, 10코 막음
- 234단 (72cm)
- 162단 (50cm)
- 무늬뜨기 A 16무늬+3코
- 메리야스뜨기 속단
- 131코(44cm)

**뒤판**
- 23코 (7cm) / 23코 (7cm)
- 47단 (14cm)
- 83단 (25cm)
- 41코 막음
- 2-1-1, 2-2-1, 2-3-1
- 198단 (61cm)
- 162단 (50cm)
- 2-1-1, 2-2-1, 2-3-1, 10코 막음
- 무늬뜨기 A 16무늬+3코
- 메리야스뜨기 속단
- 131코(44cm)

**소매**
- 36단 (12cm)
- 2-3-1, 2-2-1, 2-1-13, 2-2-1, 2-3-1, 6코 막음
- 88단 (22cm)
- 8-1-10 늘리기
- 무늬뜨기 B 5무늬+3코
- 20단 (6cm)
- 83코(25cm)

## 만드는 방법

### 뒤판

1. 4mm 줄바늘과 실 한 올을 이용해 기본코 131코를 만들어 무늬뜨기 A를 16무늬+3코로 시작해서 162단을 뜬다.
2. 도안 1을 참고하여 진동 둘레 코 줄임을 한다.
3. 뒤 목둘레는 양 어깨코 23코를 11단 평뜨기로 뜨고 마친다. 이때 가운데 53코는 막음코로 마무리한다.

## 앞판

1. 시작은 뒤판과 동일한 방법으로 뜬다.
2. 도안 1을 참고하여 진동 둘레 코 줄임을 한다.
3. 앞 목둘레는 코 줄임부터 36단(전체 198단)을 뜨고 가운데 41코는 코막음으로 마무리한다. 도안 1을 참고해서 코 줄임을 하고 어깨코 23코를 뒤판 단수만큼 뜨고 앞뒤 어깨는 꿰매어 준다.
4. 옆 솔기도 돗바늘로 이어 준다.
5. 4mm 줄바늘로 밑 시작 부분에서 260코를 주워 메리야스뜨기 20단을 뜨고 안으로 접어 감침질해 준다.

## 소매

1. 3.5mm 줄바늘과 실로 기본코 83코를 만들어 무늬뜨기 B 5무늬+3코로 시작해 20단을 뜬다.
2. 4mm 줄바늘로 바꾸어 무늬뜨기 A 10무늬+3코로 88단을 뜨는데 양옆 가장자리를 8단마다 1코씩 늘리기를 10회 한다.
3. 소매산 만들기는 도안 1을 참고해 코 줄임을 한다.
4. 똑같이 1장을 더 뜨고 옆 솔기를 돗바늘로 꿰매어 몸판에 각각 달아 준다.

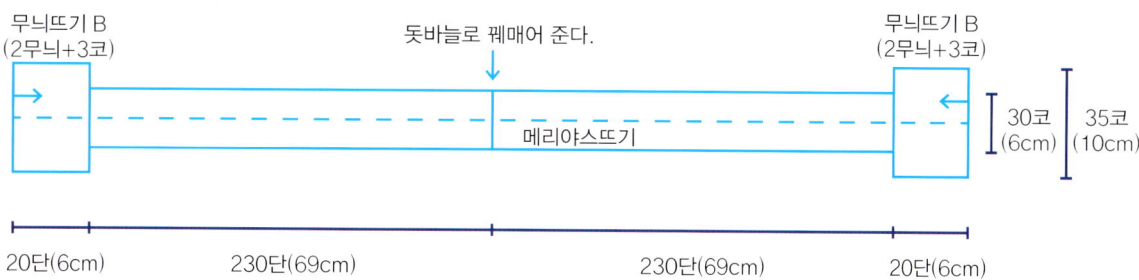

## 리본

1. 3.5mm 줄바늘과 실로 기본코 35코를 만들고 무늬뜨기B 2무늬+3코로 시작하여 20단을 뜬다.
2. 4mm 줄바늘로 바꾸어 5코를 줄이고 30코만 메리야스뜨기 230단을 떠 준다. 2장을 떠서 돗바늘로 이어 준다.
3. 리본을 반으로 접어 목둘레에 감침질하여 달아 주고 리본 매듭 부분이 벌어지지 않도록 꿰맨다.

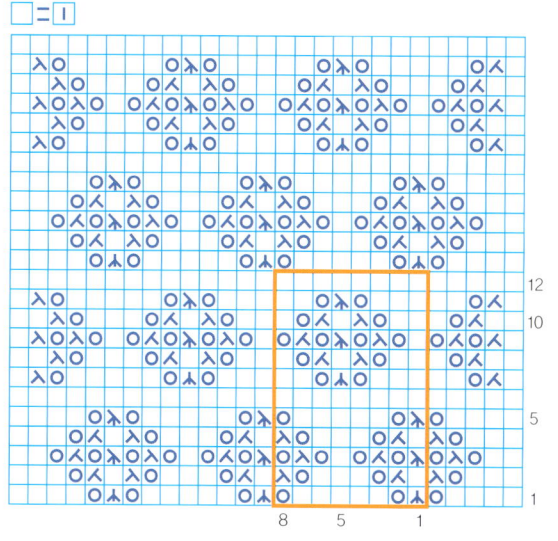

무늬뜨기 A(8코 12단 1무늬)     무늬뜨기 B(16코 20단 1무늬)

# 진회색 폴라 롱셔츠

**완성 치수:** 가슴둘레 94cm, 길이 62cm, 소매길이 58cm
**재료 및 도구:** 실 - 빈센트(진회색), 줄바늘 4mm, 5mm, 돗바늘
**게이지(10cm x10cm):** 28코 30단
**작품 사진:** 14쪽

### 도안 1

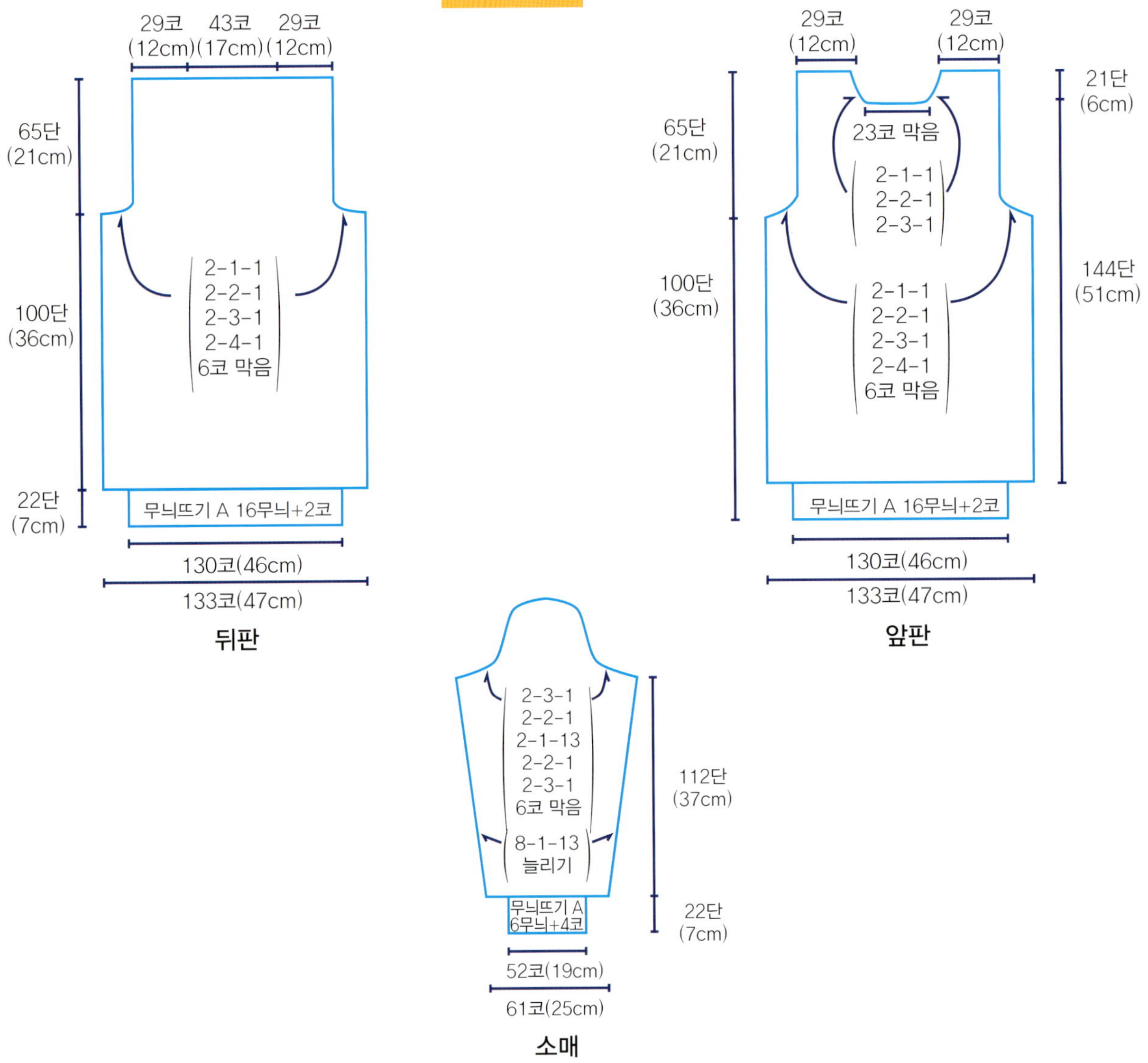

**뒤판**

- 29코 (12cm) / 43코 (17cm) / 29코 (12cm)
- 65단 (21cm)
- 100단 (36cm): 2-1-1, 2-2-1, 2-3-1, 2-4-1, 6코 막음
- 22단 (7cm)
- 무늬뜨기 A 16무늬+2코
- 130코(46cm)
- 133코(47cm)

**앞판**

- 29코 (12cm) / 29코 (12cm)
- 65단 (21cm)
- 21단 (6cm)
- 23코 막음: 2-1-1, 2-2-1, 2-3-1
- 100단 (36cm): 2-1-1, 2-2-1, 2-3-1, 2-4-1, 6코 막음
- 144단 (51cm)
- 무늬뜨기 A 16무늬+2코
- 130코(46cm)
- 133코(47cm)

**소매**

- 2-3-1, 2-2-1, 2-1-13, 2-2-1, 2-3-1, 6코 막음
- 8-1-13 늘리기
- 112단 (37cm)
- 22단 (7cm)
- 무늬뜨기 A 6무늬+4코
- 52코(19cm)
- 61코(25cm)

## 만드는 방법

### 뒤판

1. 4mm 줄바늘과 빈센트 3올로 흔들코 130코를 만들어 무늬뜨기 A를 16무늬+2코로 시작해서 22단을 뜬다.
2. 5mm 줄바늘로 바꾸어 3코를 늘려 주고 도안 2를 참고해 무늬를 배치하고 무늬뜨기 100단을 뜬다.
3. 도안 1과 도안 2를 참고해 양옆 가장자리를 코 줄임하여 진동 둘레를 만든다.
4. 무늬뜨기로 전체 165단을 뜨고 코 줄임부터는 65단을 뜬 뒤 양 어깨코 29코를 남기고 가운데 중심코 43코를 막음코로 마무리한다.

## 앞판

1. 뒤판의 진동 둘레까지는 동일하게 뜬다.
2. 앞 목둘레는 무늬뜨기로 전체 144단을 뜨고 가운데 중심에 23코를 막음코로 하고 양옆 가장자리를 2단마다 4코, 3코, 2코, 1코순으로 줄여 어깨코 29코만 뒤판 단수만큼 뜬다.
3. 앞, 뒤 어깨는 각각 코를 맞추어 꿰매어 주고 옆 솔기도 돗바늘로 꿰맨다.

## 소매

1. 4mm 줄바늘과 실로 흔들코 52코를 만들고 무늬뜨기 A 6무늬+4코로 시작해 22단을 뜬다.
2. 5mm 줄바늘로 바꾸어 9코를 늘려 준다.
3. 도안 3을 참고해 무늬 배치를 하고 8단마다 양옆 가장자리에 1코씩 늘리기를 12회 한다.
4. 소매산은 도안 1과 도안 3을 참고하여 뜬다.
5. 똑같이 1장을 더 뜨고 옆 솔기를 이어 몸판에 각각 달아 준다.

## 목단

1. 4mm 바늘과 빈센트 3올로 목둘레에서 144코를 주워 무늬뜨기 A´ 18무늬를 원형뜨기로 18단 뜨고, 19단째 앞 중심을 갈라 열어 주고 왕복뜨기로 18단을 뜬 뒤 돗바늘로 꿰매어 마무리한다.

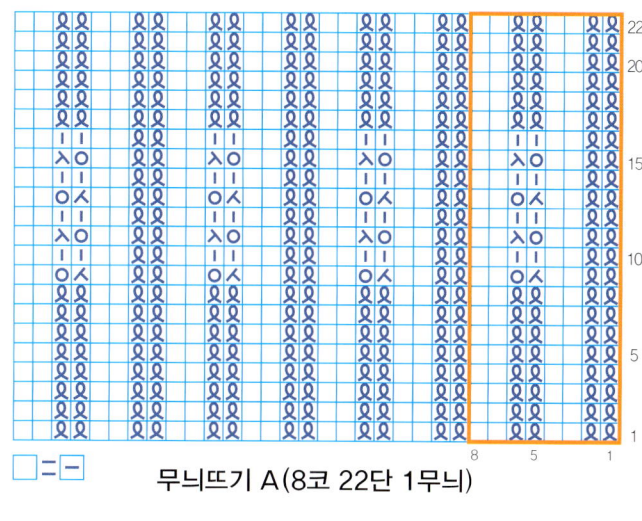

무늬뜨기 A(8코 22단 1무늬)

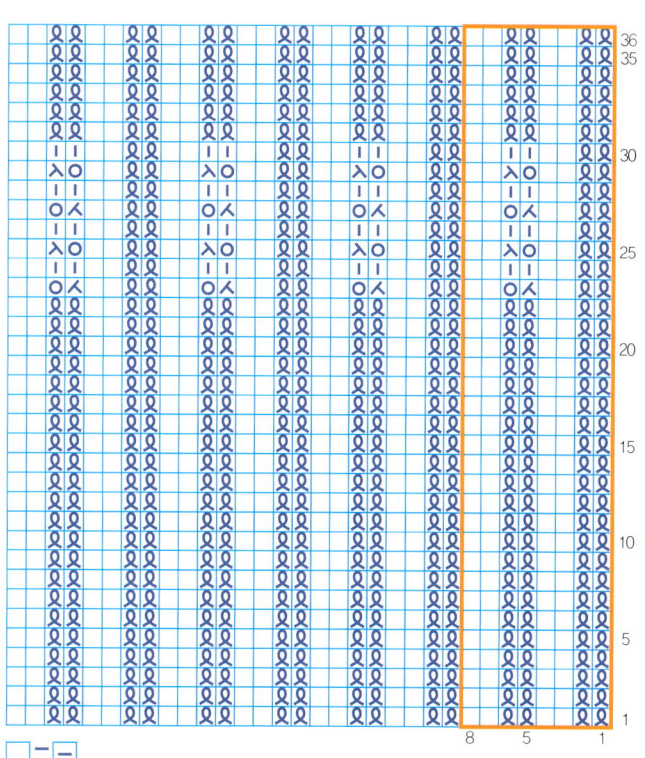

무늬뜨기 A´(8코 36단 1무늬)

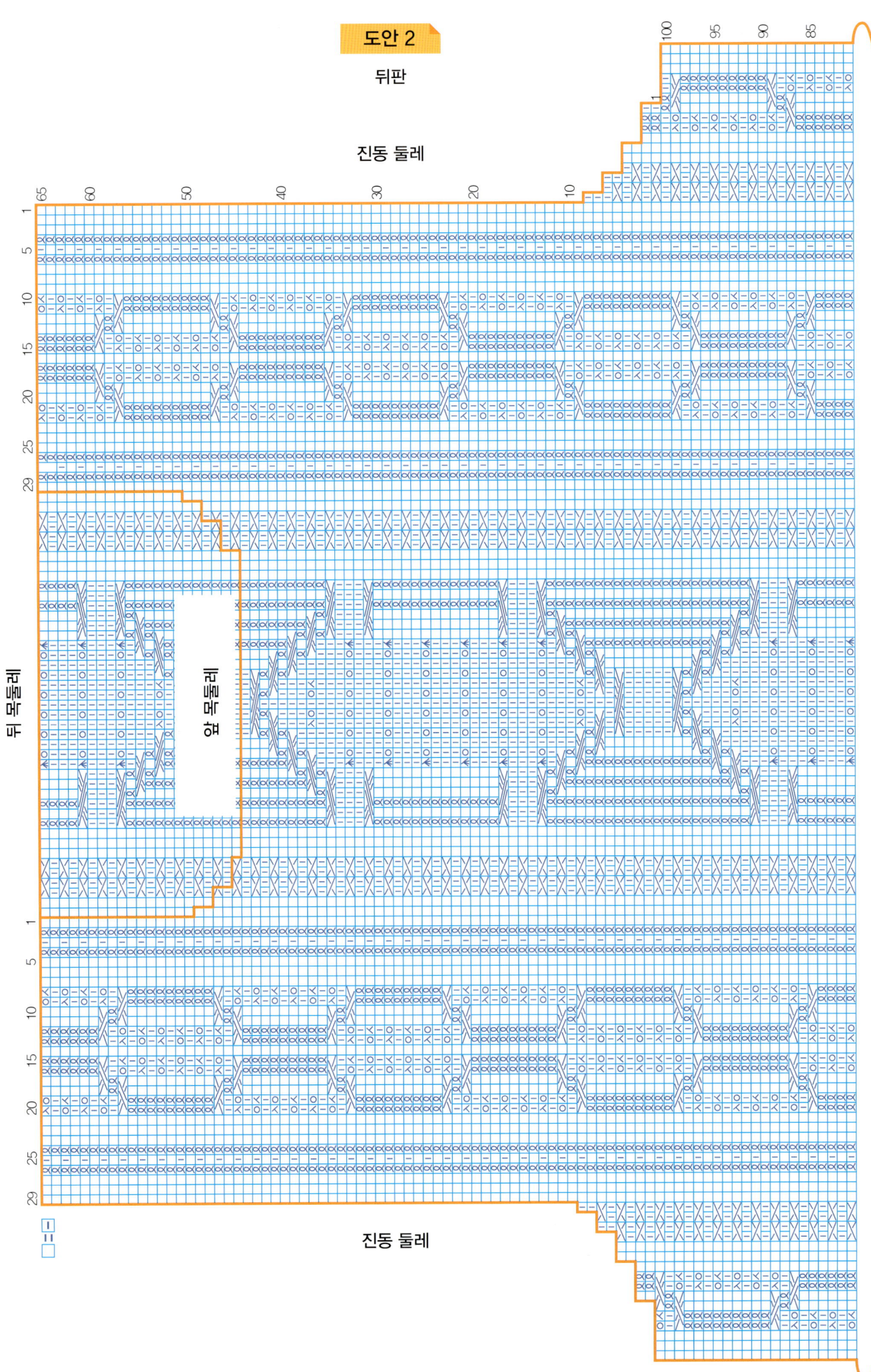

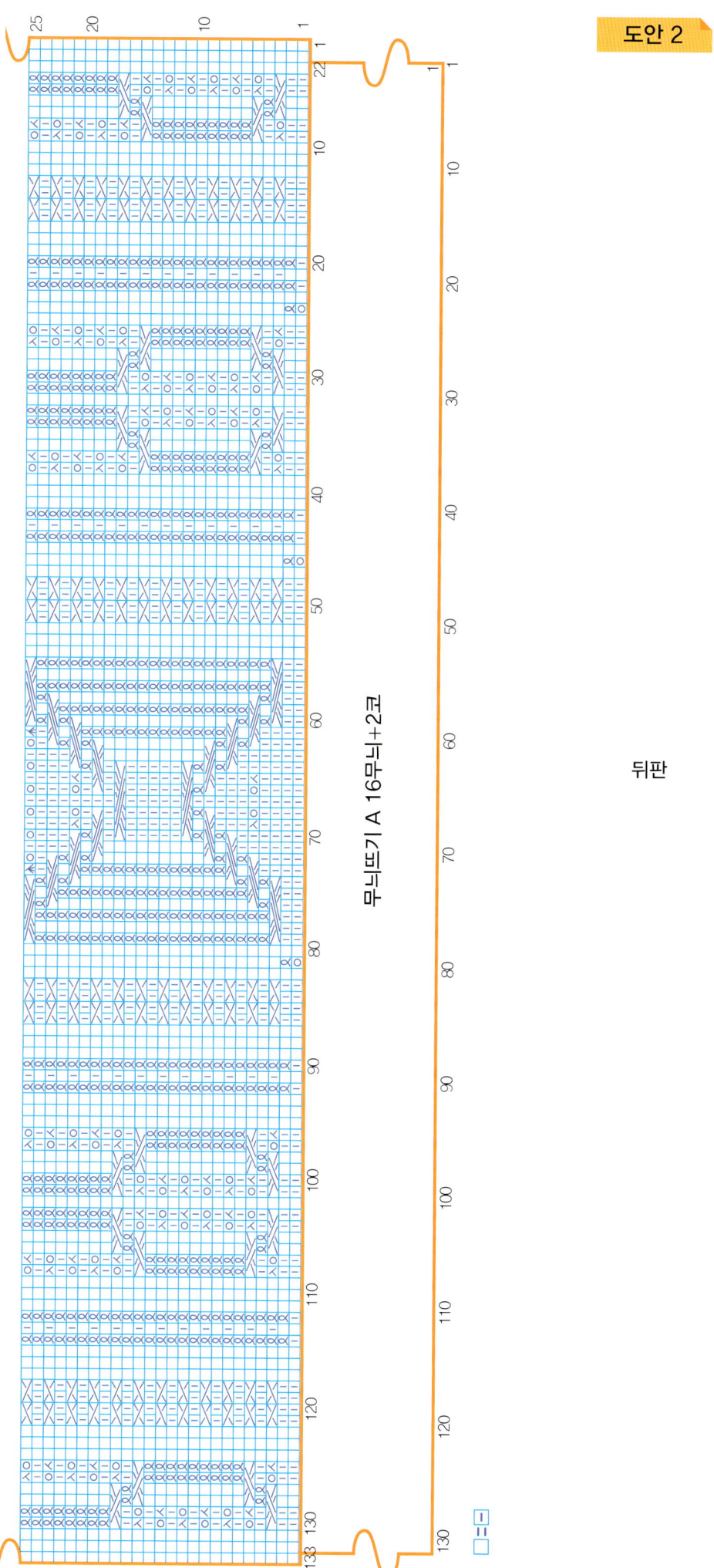

도안 2

무늬뜨기 A 16무늬+2코

뒤판

## 도안 3

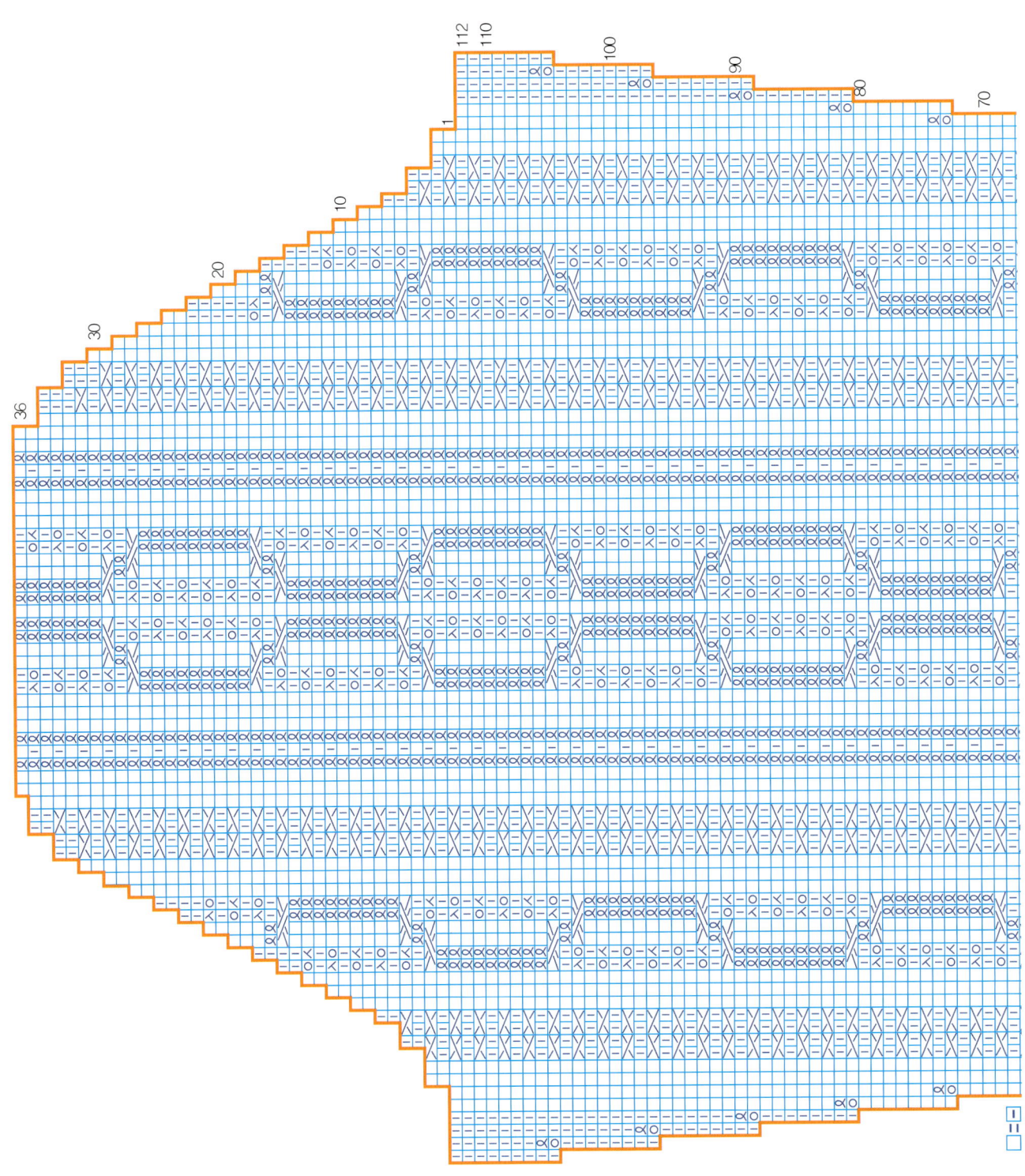

소매

## 도안 3

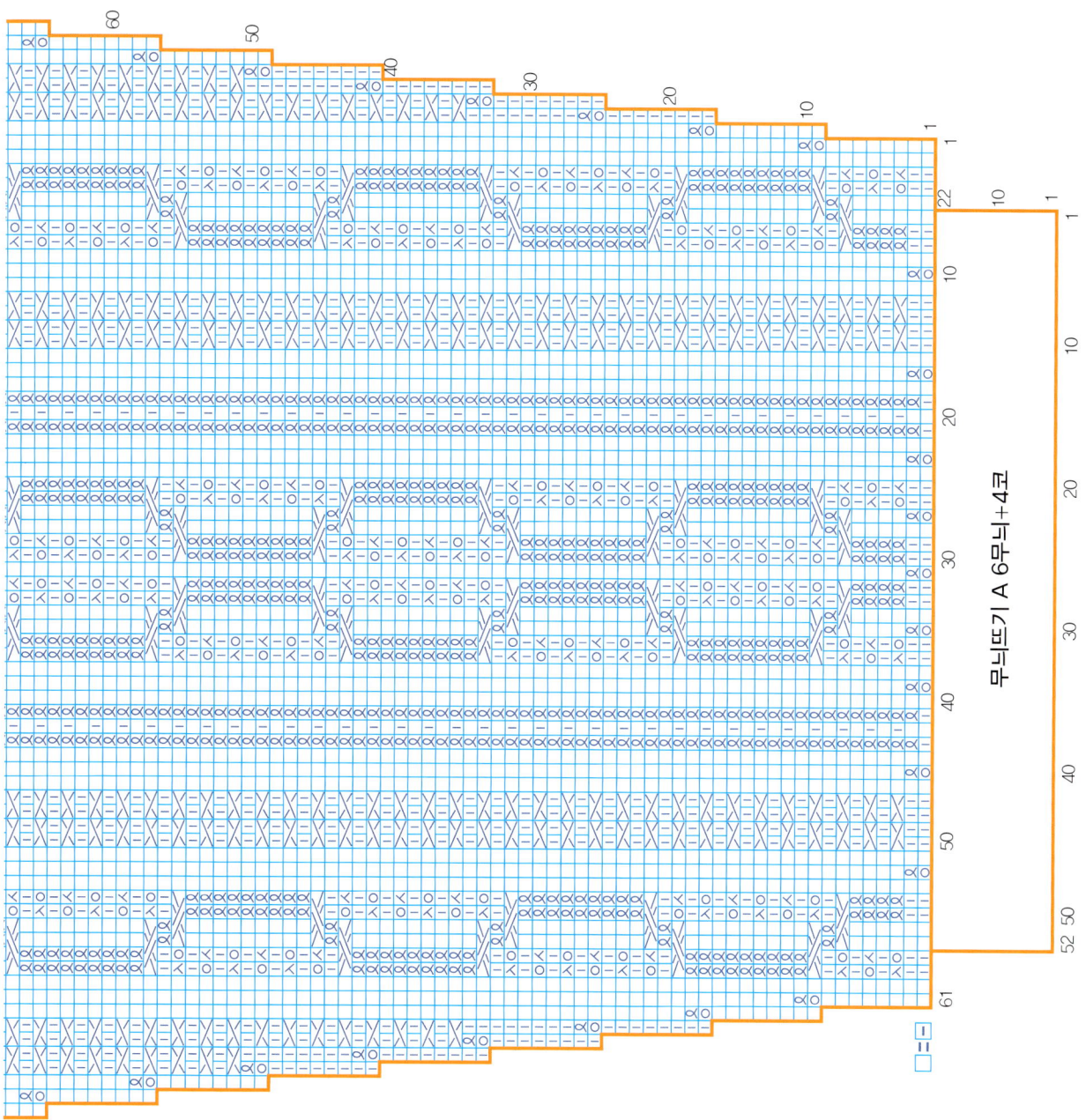

소매

# V넥 래글런 셔츠

**완성 치수:** 가슴둘레 102cm, 길이 60cm, 소매길이 62cm
**재료 및 도구:** 실 – 순모 5p(아이보리), 줄바늘 3mm, 4mm, 돗바늘
**게이지(10cm x10cm):** 29코 32단
**작품 사진:** 15쪽

## 만드는 방법

### 뒤판
1. 3mm 줄바늘과 실을 이용해 흔들코 123코를 만들어 1코 고무뜨기로 30단을 뜬다.
2. 4mm 줄바늘로 바꾸어 29코를 늘려 152코가 되게 하고, 도안 2를 참고하여 무늬뜨기를 뜬다.
3. 래글런 진동 둘레 코 줄임은 도안 2를 참고한다.

### 앞판
1. 시작은 뒤판과 동일하게 뜬다.
2. 4mm 줄바늘로 바꾸어 29코를 늘려 152코가 되게 해 주고 도안 2를 참고하여 무늬뜨기를 시작한다.
3. 래글런 진동 둘레 코 줄임과 V넥 코 줄임은 도안 3을 참고하여 뜬다.

### 소매
1. 3mm 줄바늘과 실로 흔들코 59코를 만들고 1코 고무뜨기로 24단을 뜬다.
2. 4mm 줄바늘로 바꾸어 19코를 늘려서 72코로 만들어 주고 도안 4를 참고하여 무늬뜨기를 한다.
3. 소매 양옆 가장자리는 1코 늘리기를 8단마다 13회 해 준다.
4. 래글런 소매산 무늬는 도안 4를 참고한다.
5. 똑같이 한 장을 더 떠 준다.

### 단
1. 앞·뒤판, 소매 2장이 완성되면 돗바늘로 이어 옷을 완성한다.
2. 3mm 줄바늘과 실로 목둘레에서 199코를 주워 1코 고무뜨기를 하는데 가운데 중심코 1코를 잡아 매단 2코를 줄이며 중심 기둥을 세워 준다.
3. 앞의 중심 기둥을 세우며 1코 고무뜨기 12단을 뜨고 돗바늘로 이어서 마무리한다.

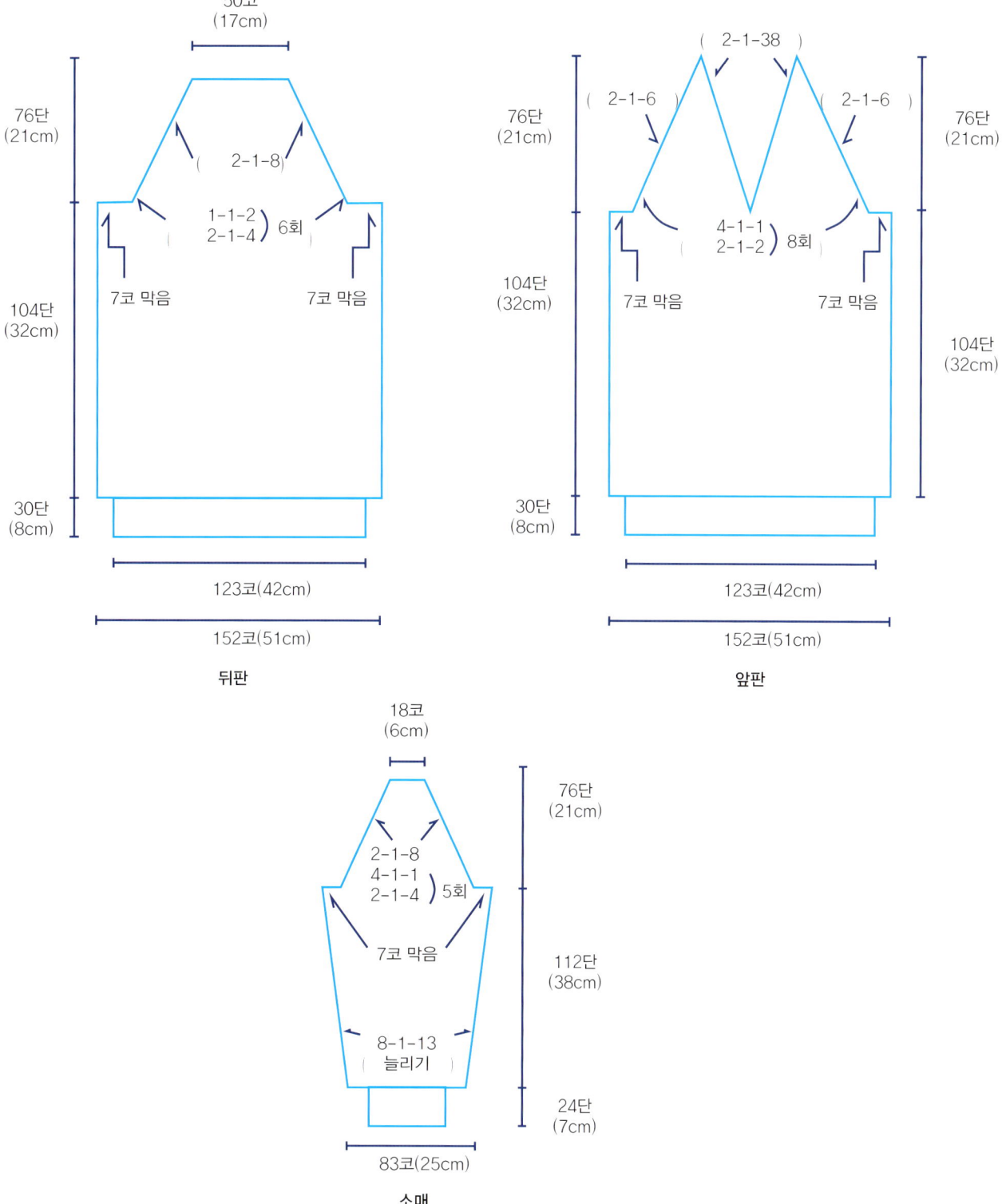

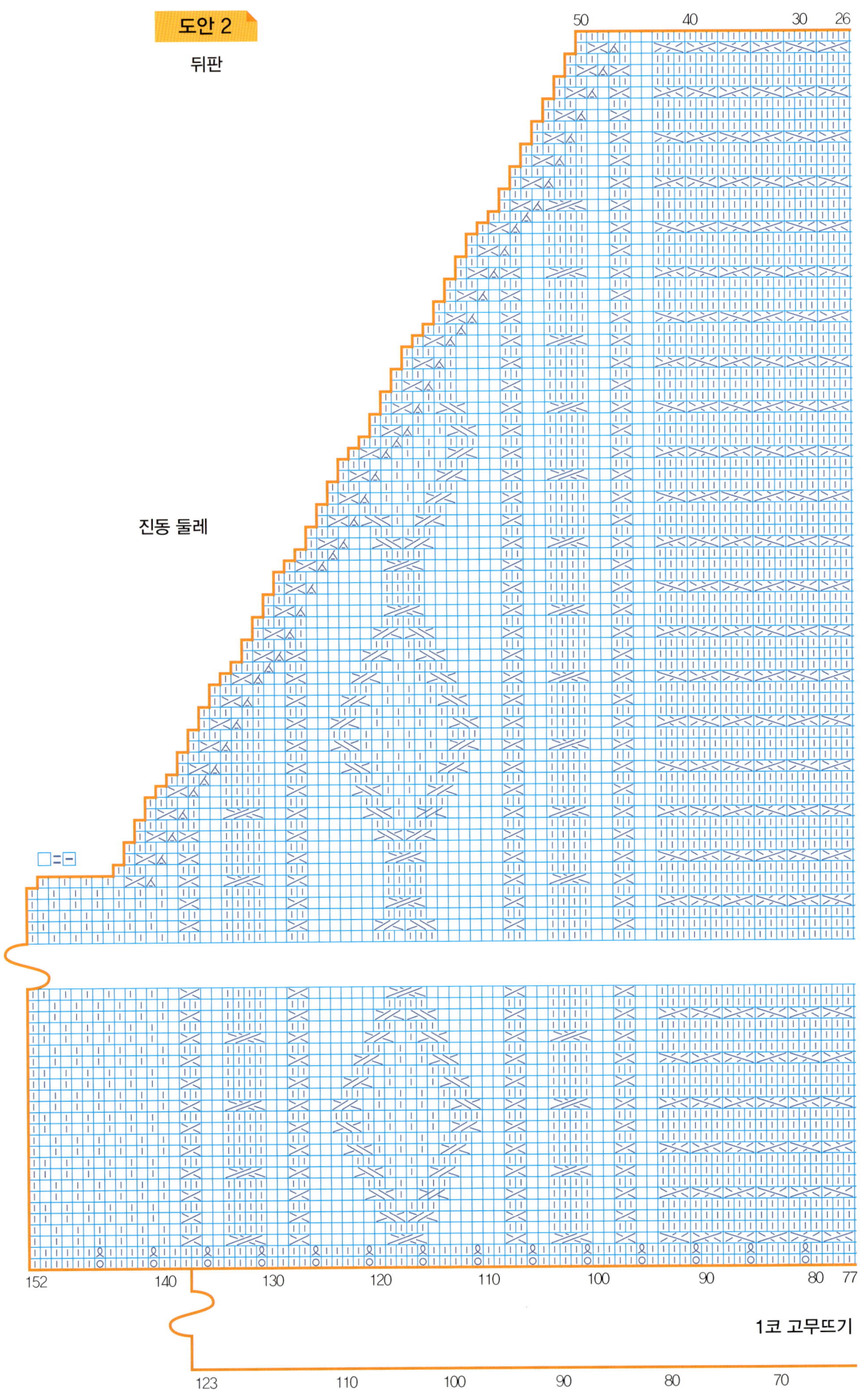

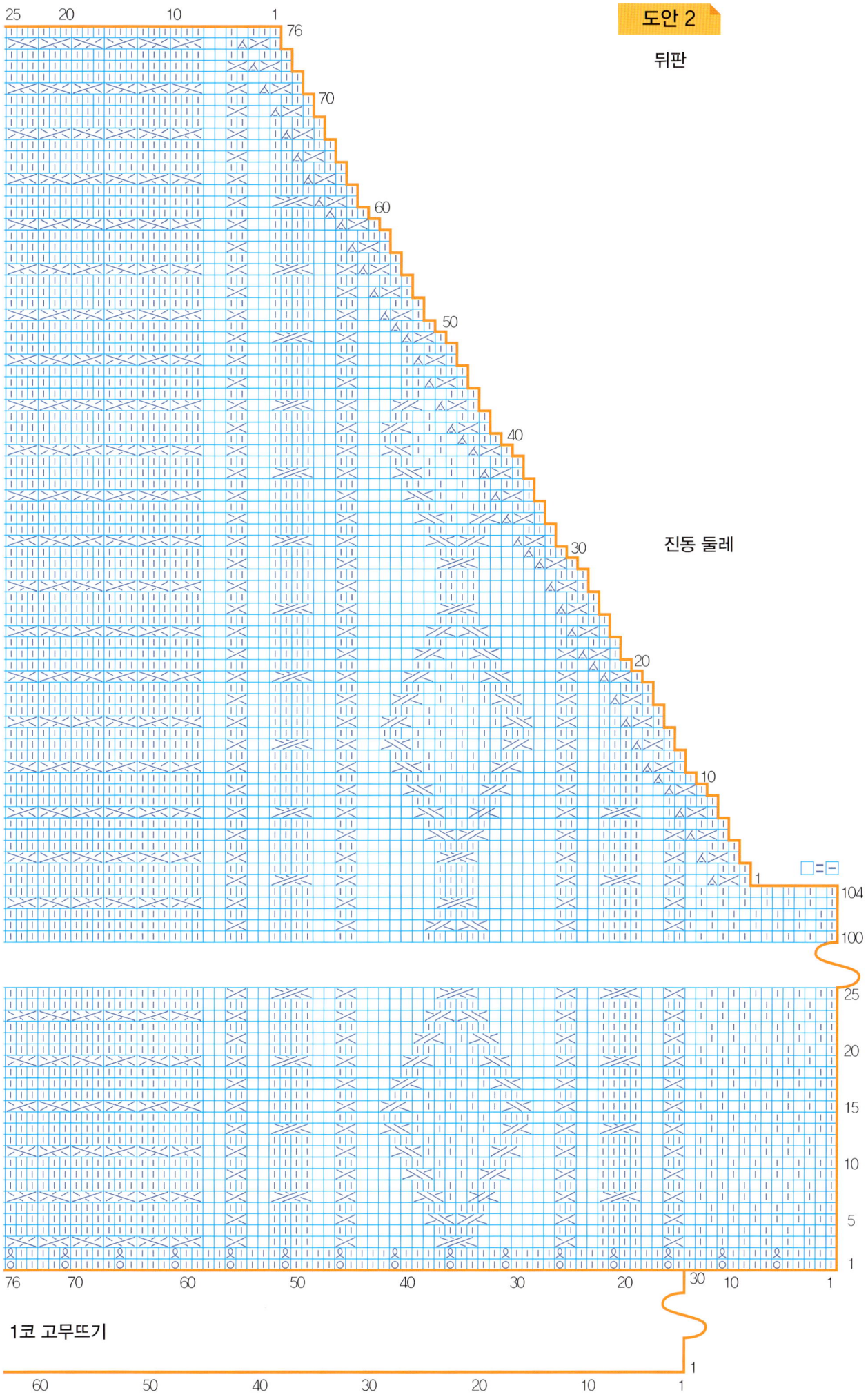

도안 2
뒤판
진동 둘레
1코 고무뜨기

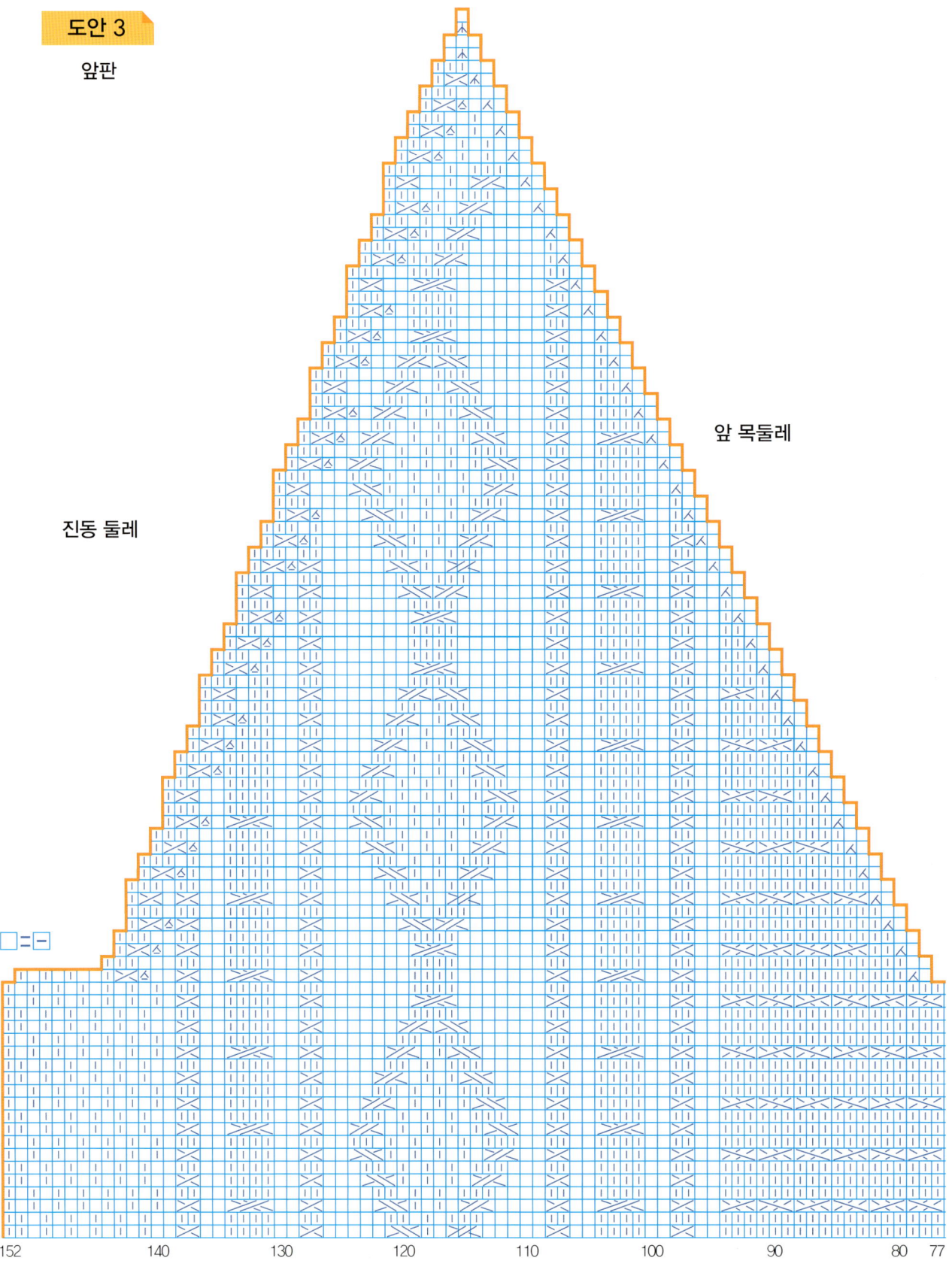

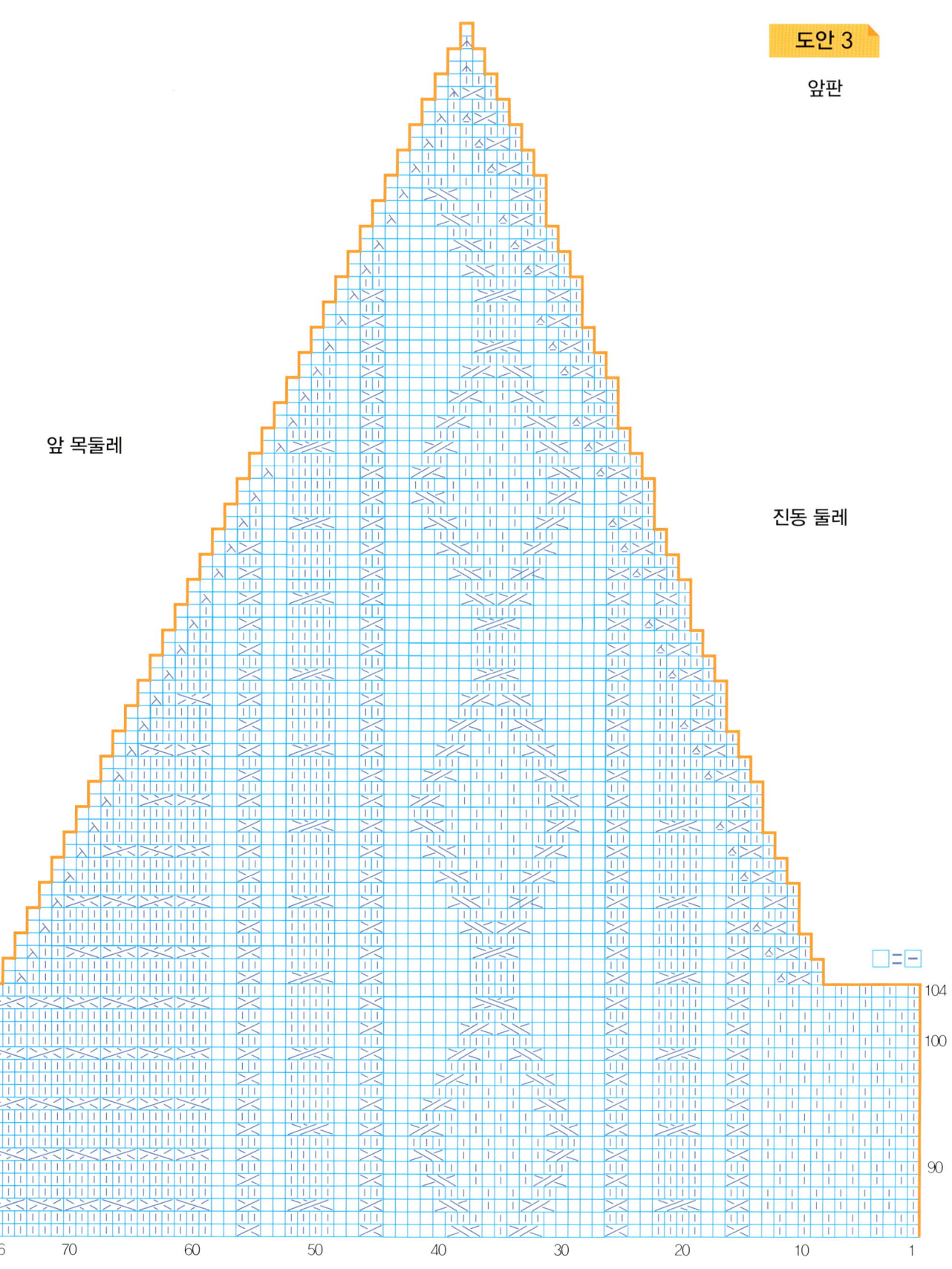

## 도안 4

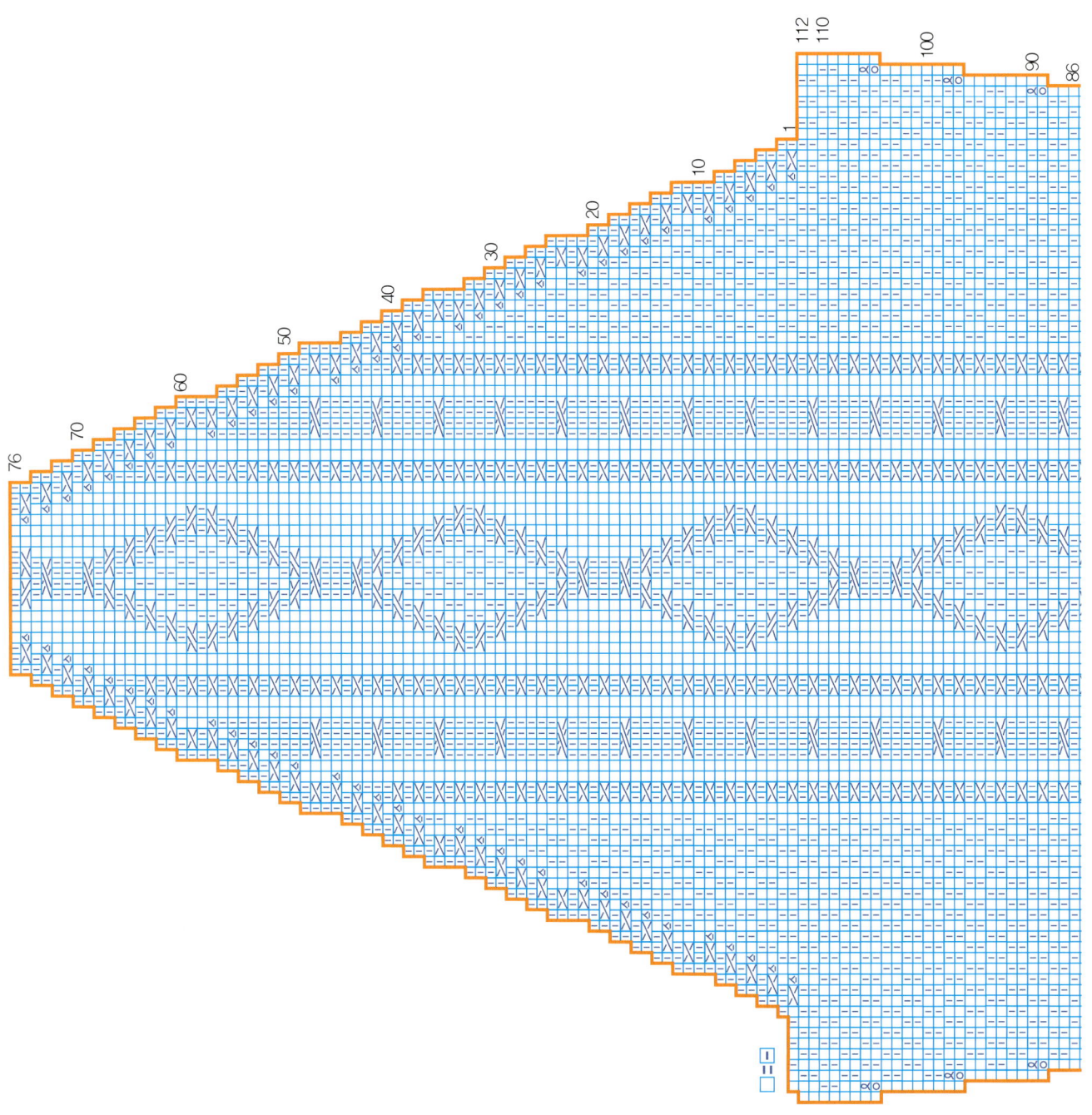

소매

# 도안 4

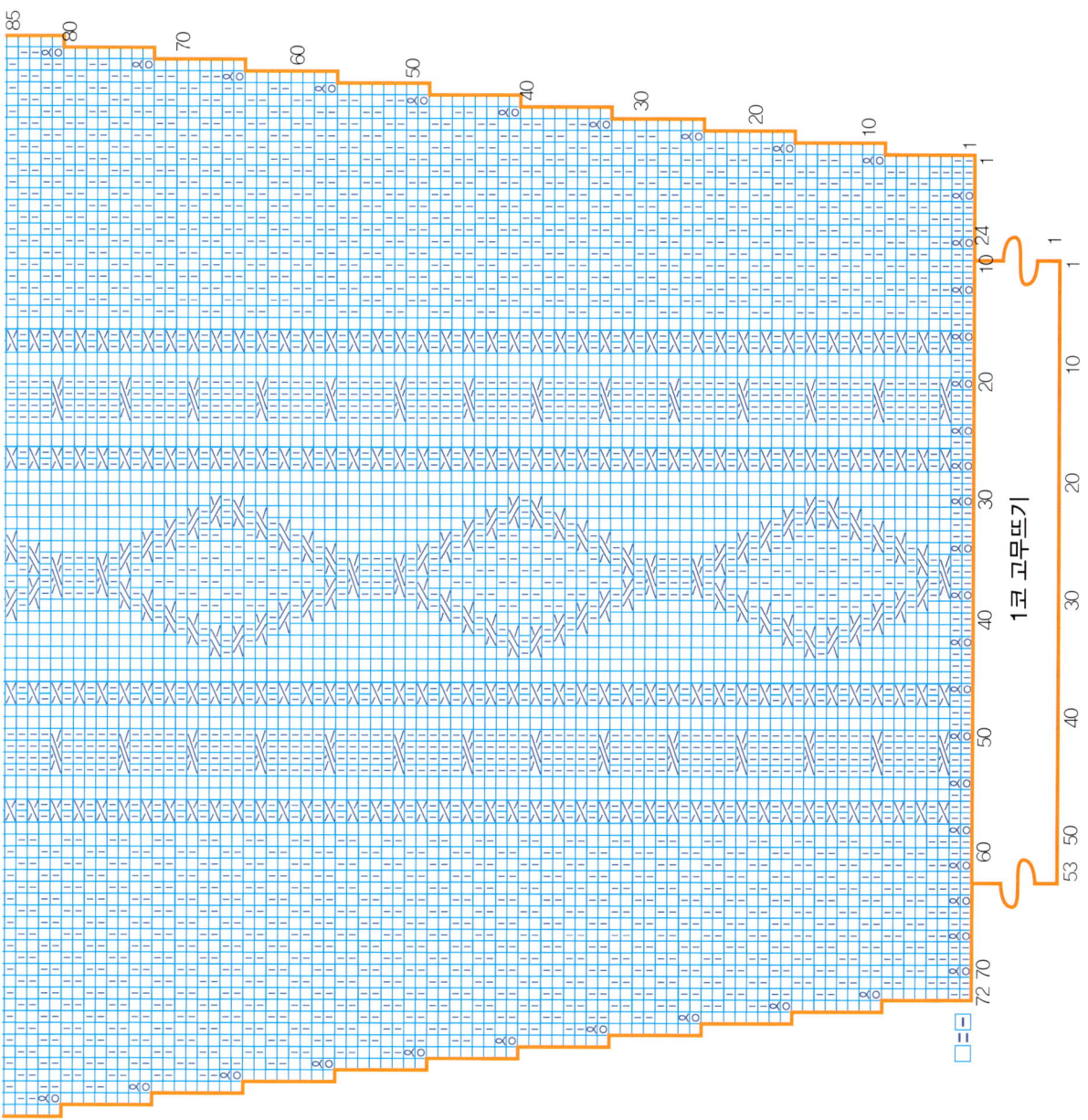

소매

# 오렌지색 볼륨 셔츠

**완성 치수:** 가슴둘레 140cm, 길이 57cm, 소매길이 53cm
**재료 및 도구:** 실 – 메리노 골드(오렌지색 골드펄), 줄바늘 3mm, 4.5mm, 돗바늘
**게이지(10cm x10cm):** 25코 28단(무늬뜨기 A), 21코 26단(무늬뜨기 B)
**작품 사진:** 16쪽

### 도안 1

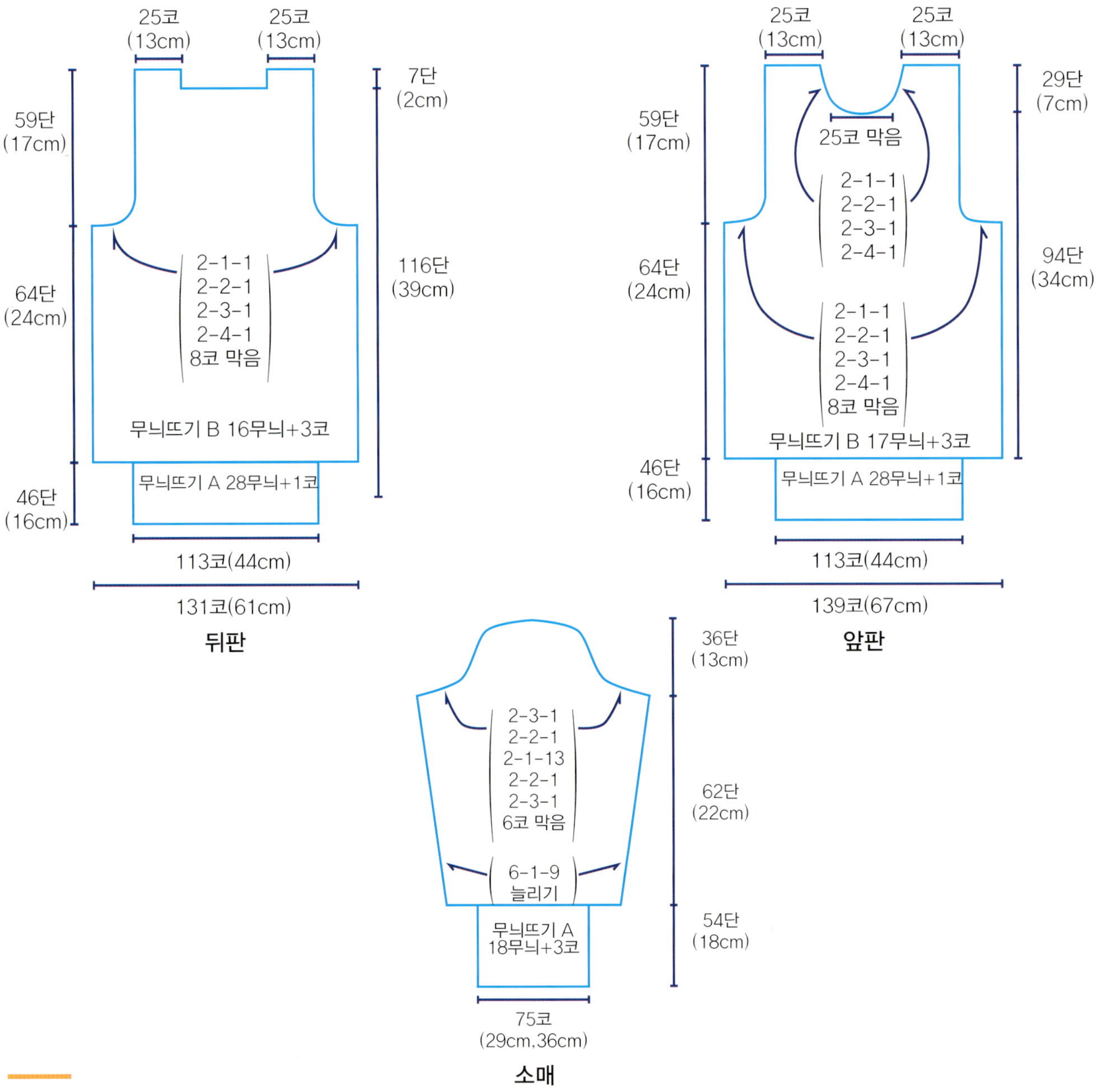

**뒤판**

- 25코(13cm) / 25코(13cm)
- 59단(17cm), 7단(2cm)
- 64단(24cm), 116단(39cm)
- 2-1-1, 2-2-1, 2-3-1, 2-4-1, 8코 막음
- 무늬뜨기 B 16무늬+3코
- 무늬뜨기 A 28무늬+1코
- 46단(16cm)
- 113코(44cm)
- 131코(61cm)

**앞판**

- 25코(13cm) / 25코(13cm)
- 59단(17cm), 29단(7cm)
- 25코 막음
- 2-1-1, 2-2-1, 2-3-1, 2-4-1
- 64단(24cm), 94단(34cm)
- 2-1-1, 2-2-1, 2-3-1, 2-4-1, 8코 막음
- 무늬뜨기 B 17무늬+3코
- 무늬뜨기 A 28무늬+1코
- 46단(16cm)
- 113코(44cm)
- 139코(67cm)

**소매**

- 36단(13cm)
- 2-3-1, 2-2-1, 2-1-13, 2-2-1, 2-3-1, 6코 막음
- 62단(22cm)
- 6-1-9 늘리기
- 무늬뜨기 A 18무늬+3코
- 54단(18cm)
- 75코(29cm, 36cm)

## 만드는 방법

### 뒤판

1. 3mm 줄바늘과 실로 흔들코 113코를 만들어 무늬뜨기 A를 28무늬+1코로 시작해서 46단을 뜬다.
2. 4.5mm 줄바늘로 바꾸어 18코를 늘려 131코로 만들고 무늬뜨기 B를 16무늬+3코로 시작해 64단을 뜬다.
3. 진동 둘레 코 줄임은 도안 1을 참고하여 뜬다.
4. 뒤 목둘레는 진동 둘레 코 줄임부터 52단을 뜨고 양 어깨코 25코를 7단 더 뜨고 마친다.

## 앞판

1. 3mm 줄바늘로 흔들코 113코를 만들고 무늬뜨기 A를 28무늬+1코로 시작하여 46단을 뜬다.
2. 4.5mm 줄바늘로 바꾸어 26코를 늘려 139코로 만들고 무늬뜨기 B를 17무늬+3코로 시작하여 64단을 떠 준다.
3. 진동 둘레 코 줄임은 도안 1과 도안 2를 참고한다.
4. 앞 목둘레는 진동 둘레 코 줄임부터 30단을 뜨고 목둘레 코 줄임은 도안 2를 참고한다.
5. 양 어깨와 옆 솔기를 각각 돗바늘로 이어 몸통을 완성한다.

## 소매

1. 3mm 줄바늘로 흔들코 75코를 만들고 무늬뜨기 A를 18무늬+3코로 시작하여 54단을 뜬다.
2. 4.5mm 줄바늘로 바꿔 무늬뜨기 B를 9무늬+3코로 시작하여 뜬다.
3. 소매 옆 솔기 코 늘림은 도안 1과 도안 3을 참고한다.
4. 소매산 만들기도 도안 1과 도안 3을 참고한다.
5. 똑같이 한 장을 더 뜨고 각각 옆 솔기를 돗바늘로 이어 소매를 완성해 몸판에 달아 준다.

## 목단

1. 3mm 줄바늘로 목둘레에서 152코를 주워 무늬뜨기 A 38무늬를 원형뜨기로 14단을 뜬 뒤 돗바늘로 마무리한다.

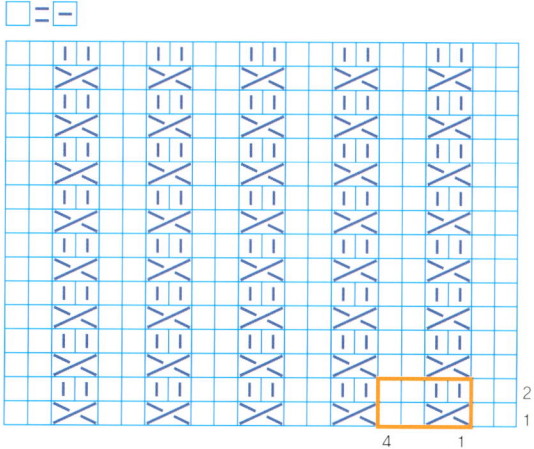

무늬뜨기 A (4코 2단 1무늬)

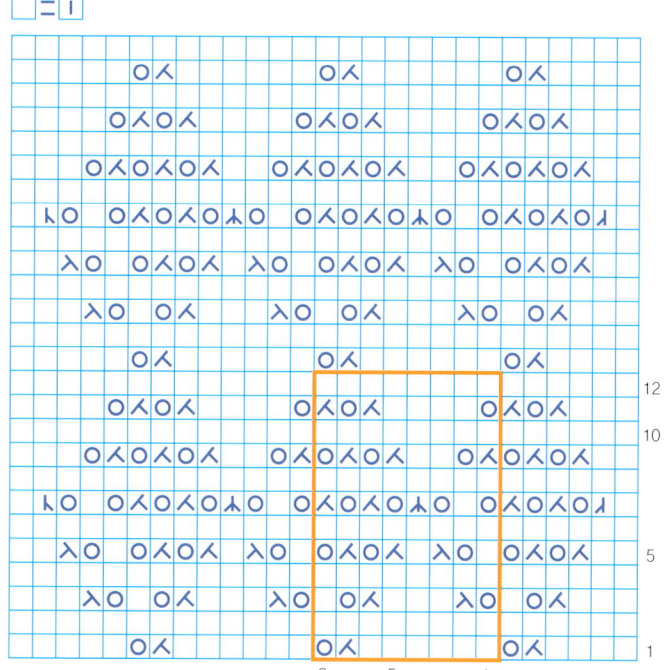

무늬뜨기 B (8코 12단 1무늬)

도안 2

앞판 진동 둘레, 목둘레

## 도안 2

앞판 진동 둘레, 목둘레

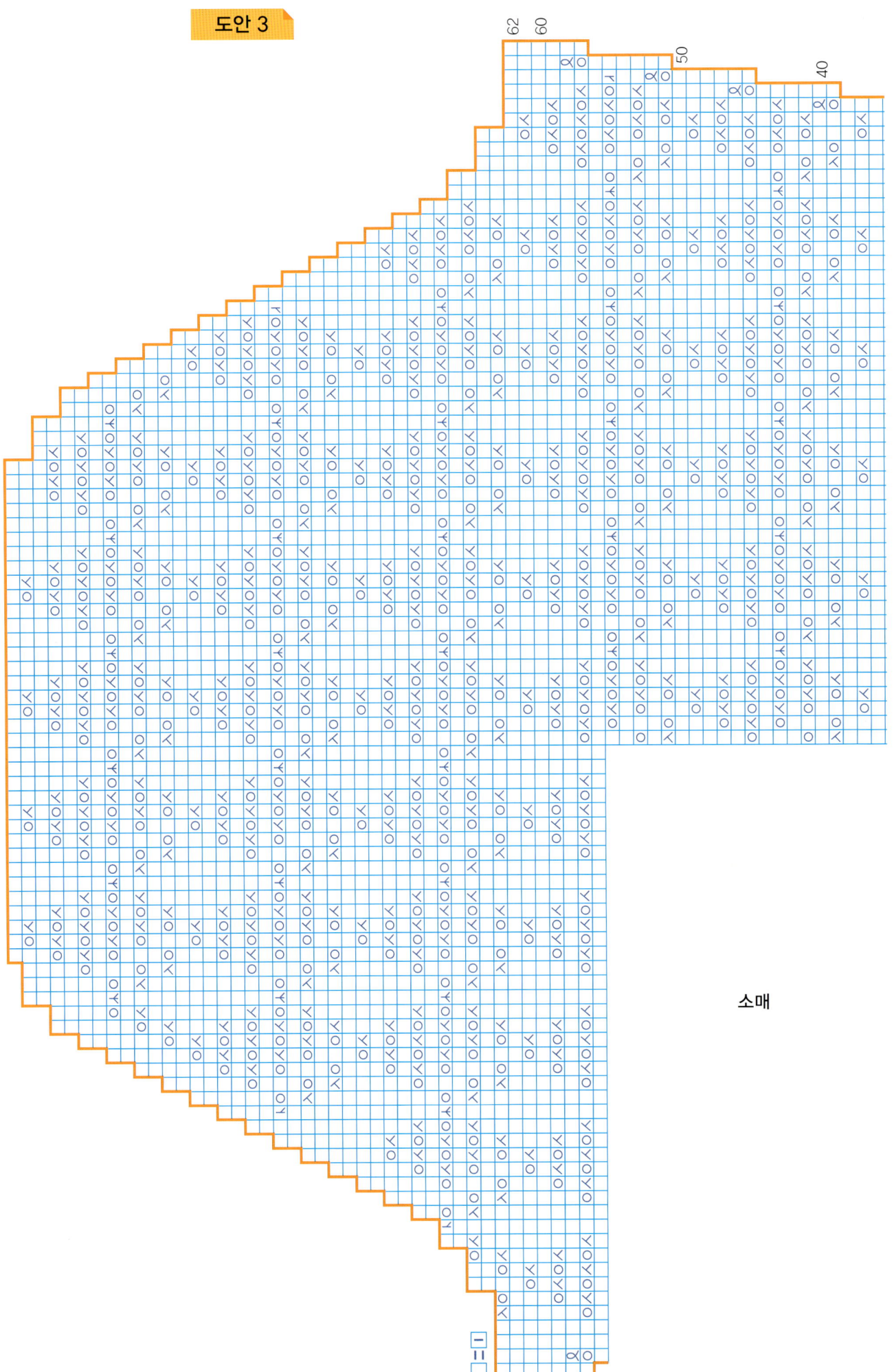

### 도안 3

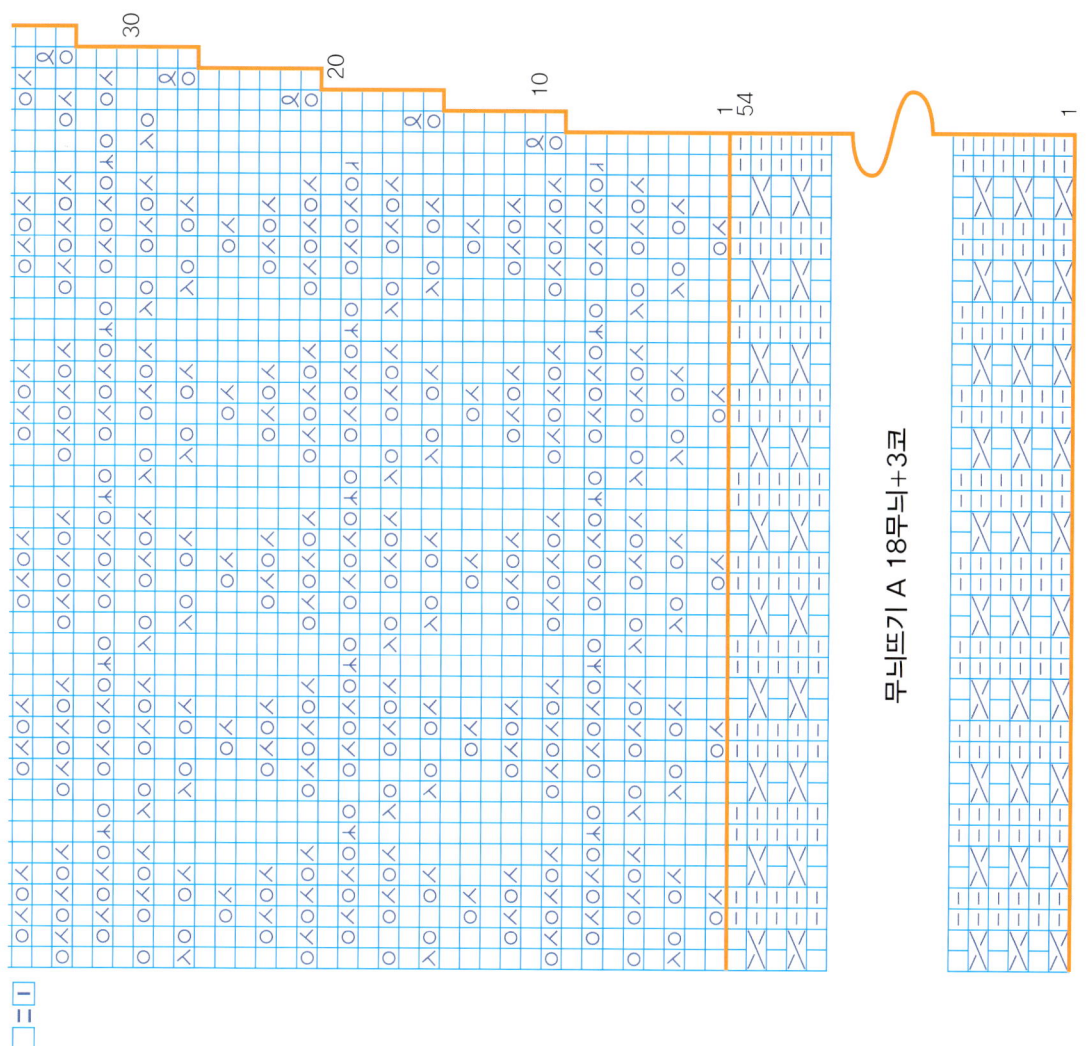

소매

# 아이보리 남자 폴라 셔츠

**완성 치수:** 가슴둘레 107cm, 길이 71cm, 소매길이 65cm
**재료 및 도구:** 실 – 순모 5p(아이보리), 줄바늘 3.5mm, 4.5mm, 돗바늘, 밑실 조금, 지퍼 1ea
**게이지(10cm x10cm):** 31코 29단
**작품 사진:** 17쪽

### 도안 1

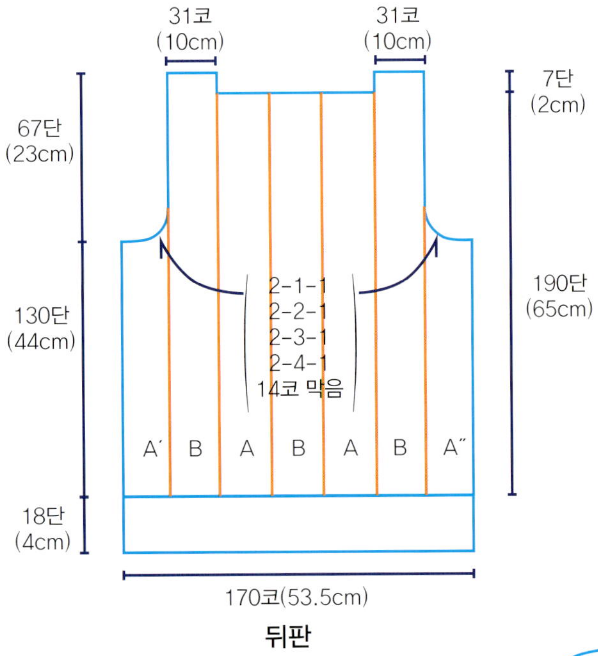

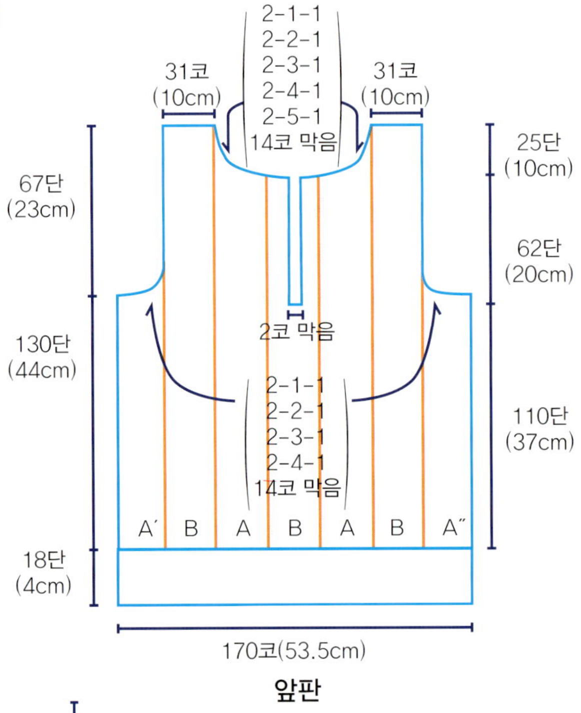

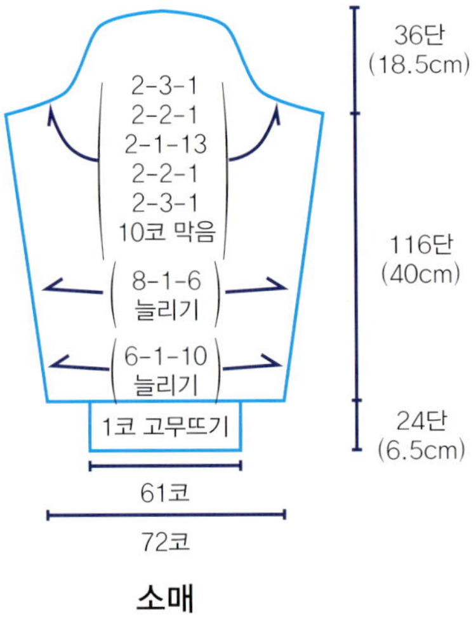

뒤판

앞판

소매

## 만드는 방법

### 뒤판

1. 밑실과 4.5mm 줄바늘로 기본코 170코를 만들어 본실을 걸고 도안 1을 참고해 무늬를 배치하고 무늬뜨기를 한다.
   (무늬뜨기 A´+B+A+B+A+B+A˝)
2. 무늬뜨기로 130단을 뜨고 도안 1과 도안 2를 참고하여 진동 둘레 코 줄임을 한다.
3. 뒤 목둘레는 무늬뜨기 전체 190단(진동 둘레 코 줄임 부분 60단)에서 양 어깨코 31코를 7단 더 뜨고 마친다.

## 앞판

1. 시작은 뒤판 1과 동일하게 뜬다.
2. 앞 목둘레는 무늬뜨기 110단째에서 2등분하여 중심 2코를 막음코로 해 두고 좌,우 각각 무늬뜨기를 한다.
3. 진동 둘레 코 줄임, 앞 목둘레 코 줄임은 도안 2를 참고하여 앞판을 완성한다.

## 소매

1. 3.5mm 줄바늘을 이용해 흔들코 61코로 시작하여 1코 고무뜨기를 24단 뜬다.
2. 4.5mm 줄바늘로 바꾸어 11코를 늘려 72코로 무늬뜨기를 한다.
3. 소매는 도안 3을 참고하여 똑같이 2장을 뜬다.
4. 옆 솔기를 이어 각각 몸판에 달아 준다.

## 단

1. 밑단은 4.5mm 줄바늘로 앞, 뒤 전체에서 340코를 주워 메리야스뜨기로 18단을 뜨고 반으로 접어 안에서 감침질을 하고 밑실은 모두 풀어낸다.
2. 앞 중심단은 4.5mm 줄바늘로 129코를 주워 1코 끌어 고무뜨기를 8단 뜨고 돗바늘로 마무리한다. 나중에 이곳에 지퍼를 달아 준다.
3. 목단은 3.5mm 줄바늘로 목둘레 중심에서 각 8코씩 건너 93코를 줍고 1코 고무뜨기를 16단, 4.5mm 줄바늘로 바꿔 옆 솔기 부분까지 연장해 각 17코씩 주워 전체 127코를 1코 끌어 고무뜨기로 8단을 뜨고 돗바늘로 마무리한다.

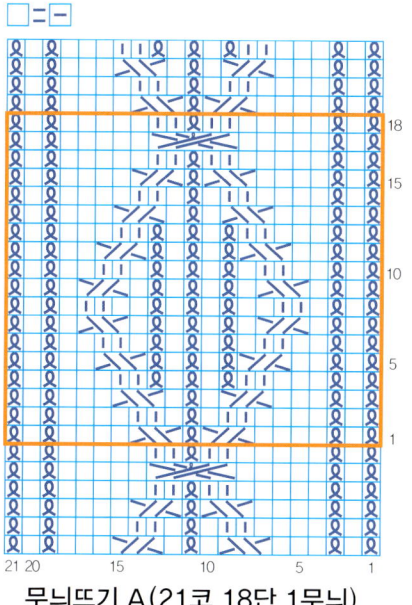

무늬뜨기 A(21코 18단 1무늬)

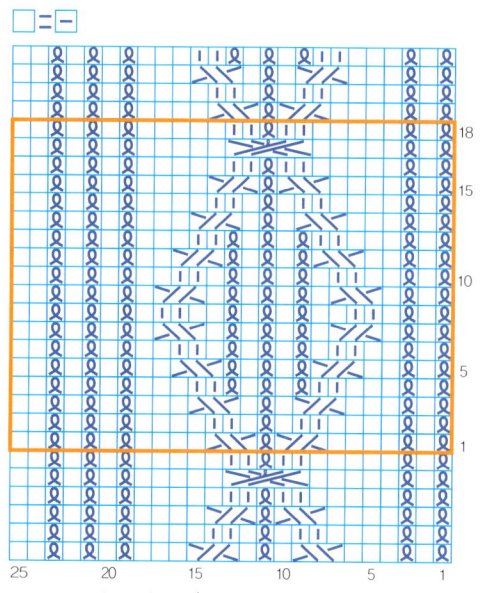

무늬뜨기 A´(25코 18단 1무늬)

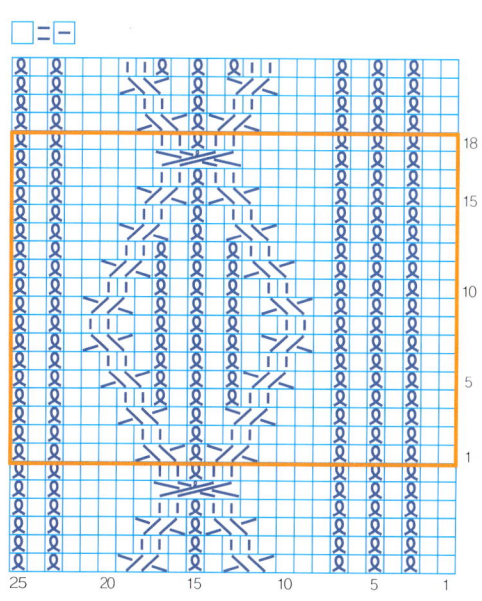

무늬뜨기 A˝(25코 18단 1무늬)

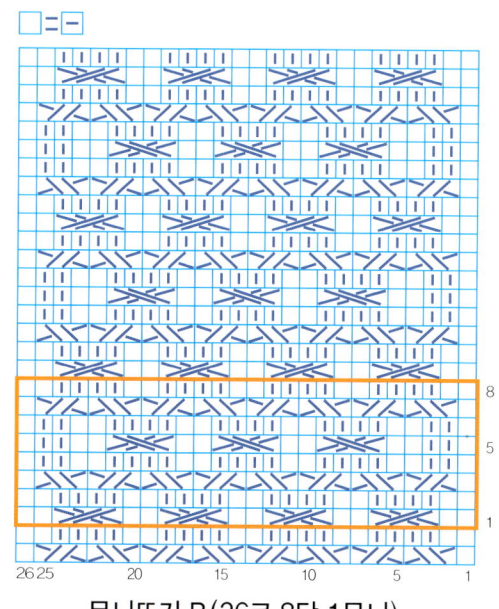

무늬뜨기 B(26코 8단 1무늬)

## 도안 2

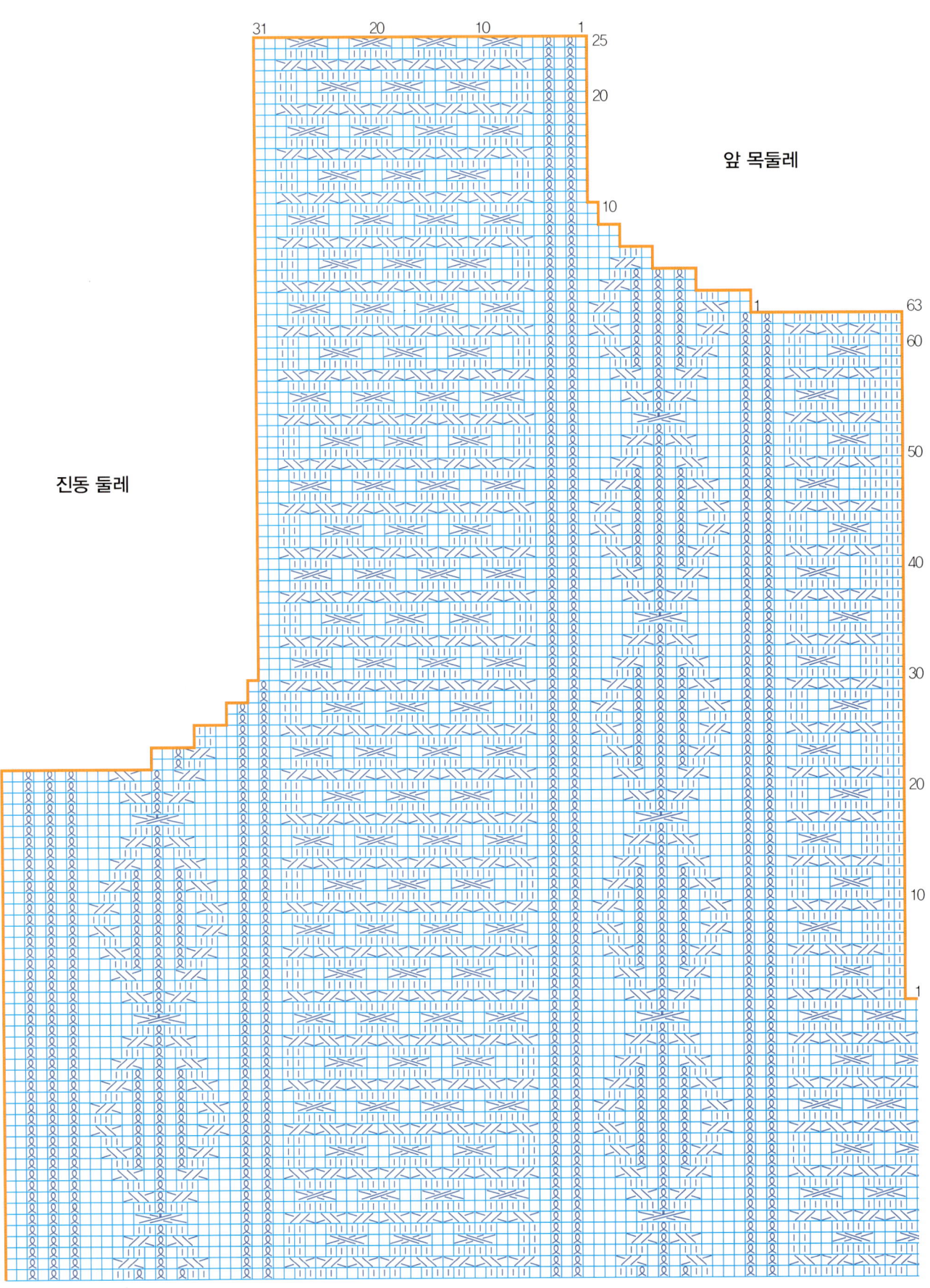

앞 목둘레

진동 둘레

## 도안 2

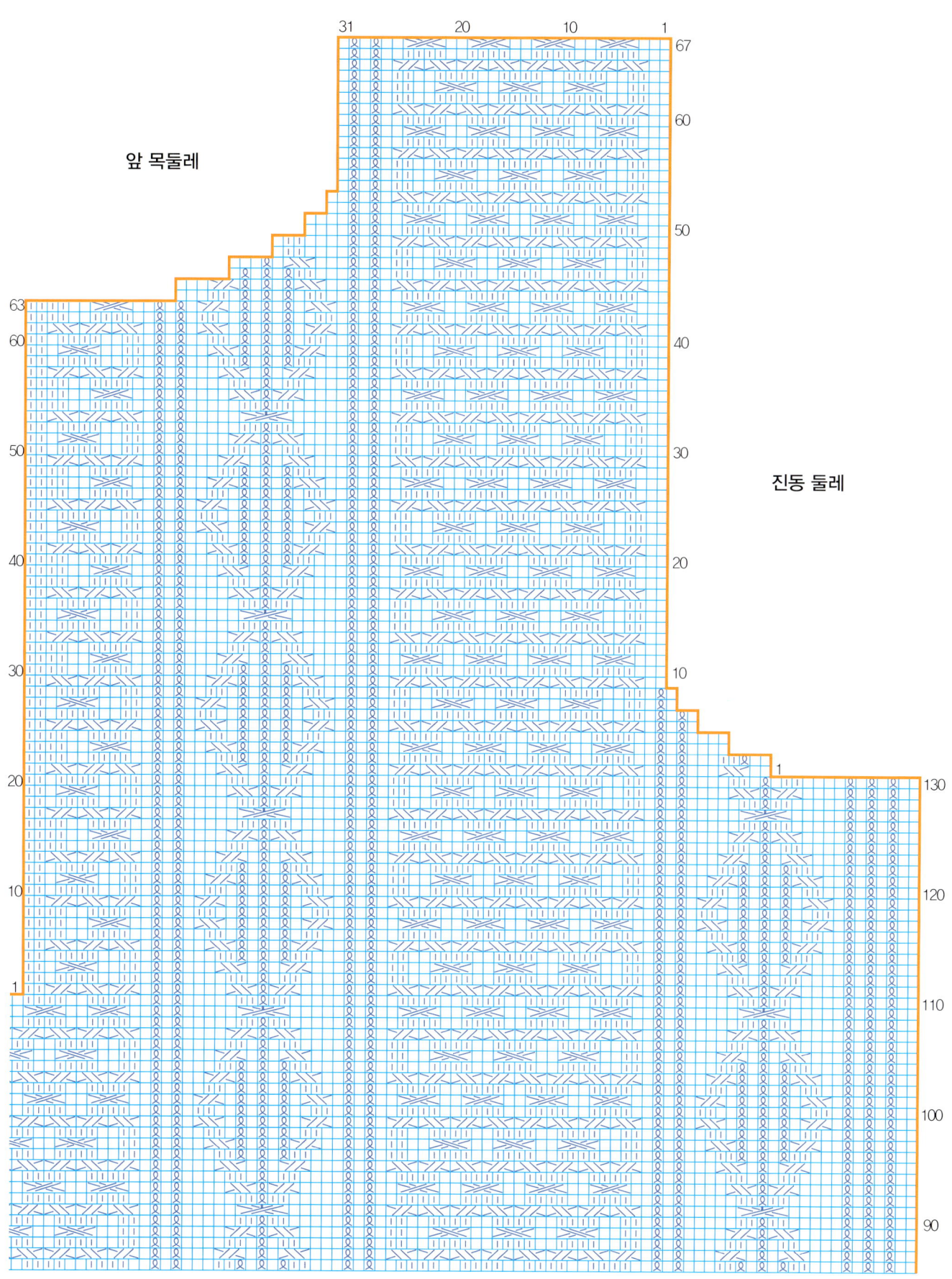

앞 목둘레

진동 둘레

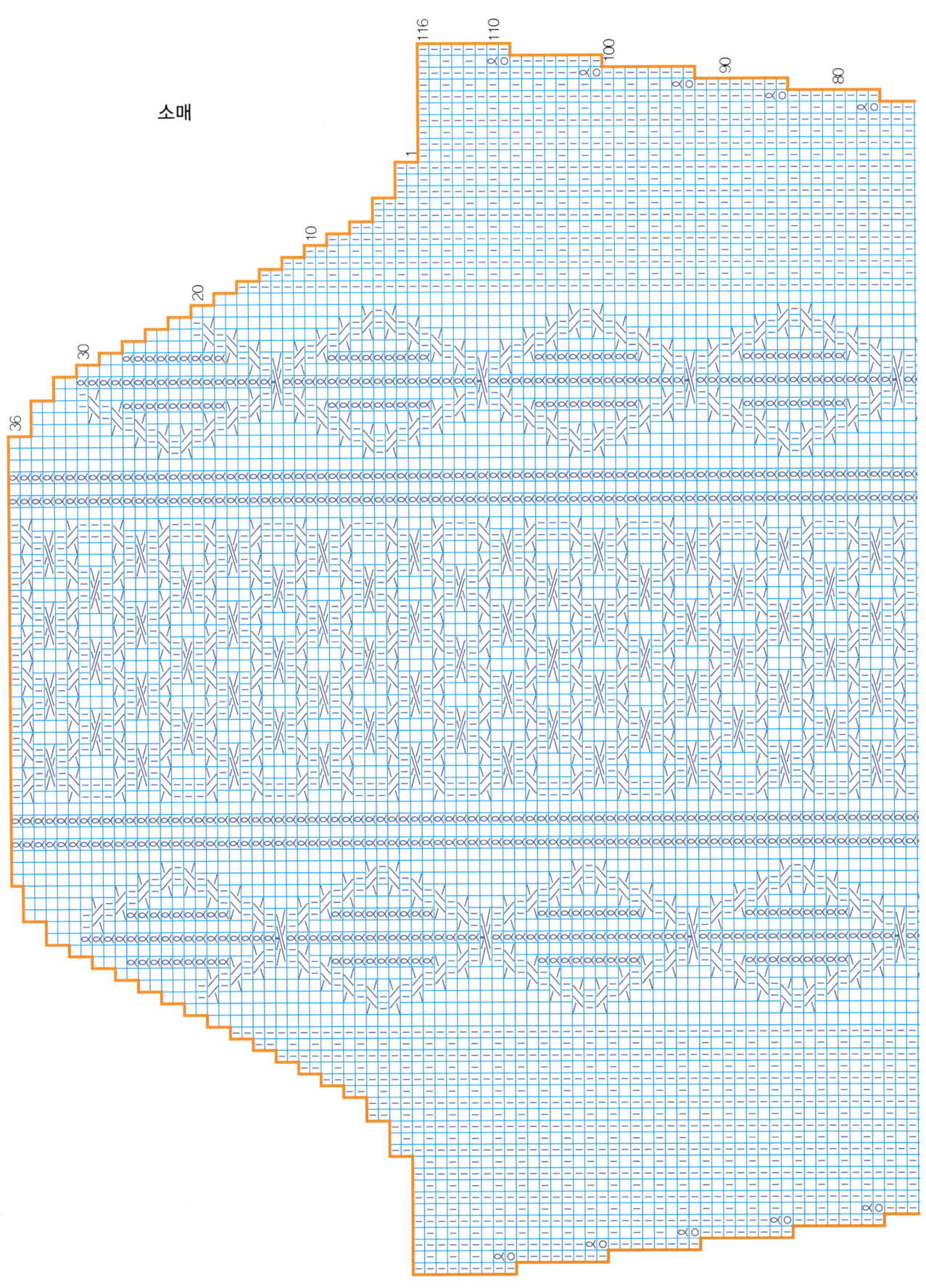

# 도안 3

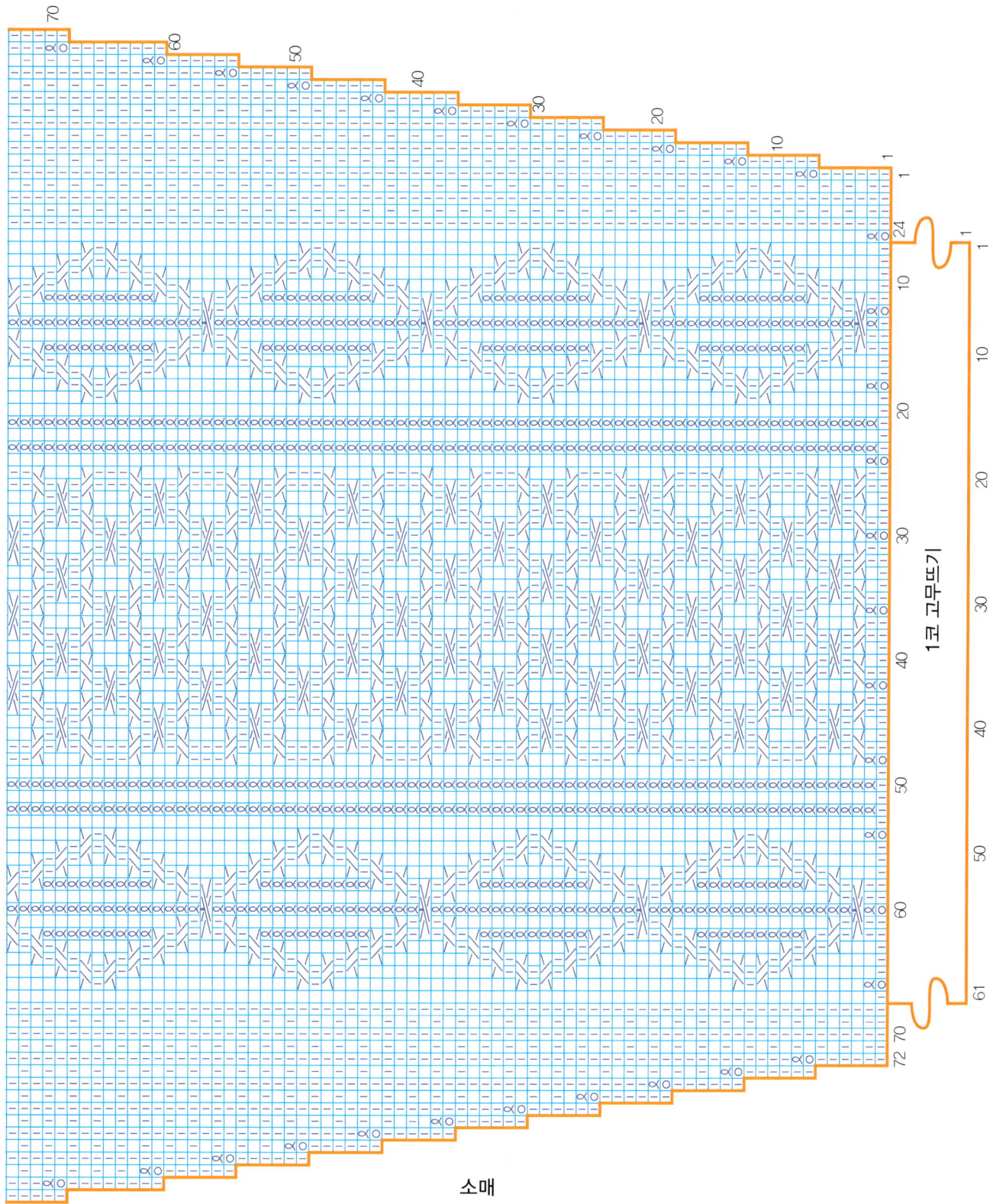

소매

# 베이지 반팔 셔츠

**완성 치수:** 가슴둘레 84cm, 길이 60cm, 소매길이 21.5cm
**재료 및 도구:** 실 – 아이기모노(아이보리, 빨간색), 레이스 코바늘 2호
**게이지(10cm x10cm):** 24코 17단(무늬뜨기 A)
**작품 사진:** 18쪽

### 도안 1

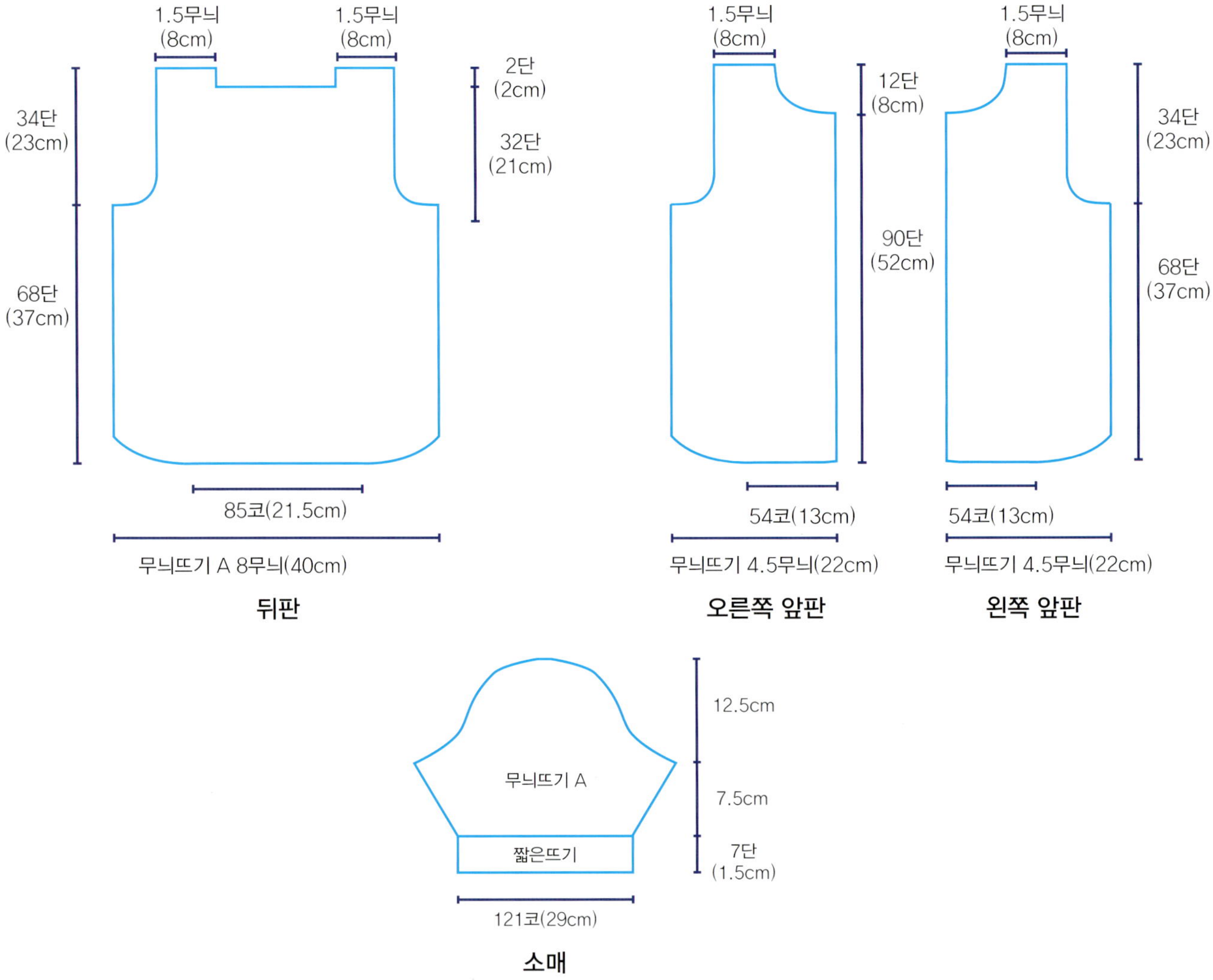

**뒤판**
- 34단(23cm), 68단(37cm)
- 1.5무늬(8cm), 1.5무늬(8cm)
- 2단(2cm), 32단(21cm)
- 85코(21.5cm)
- 무늬뜨기 A 8무늬(40cm)

**오른쪽 앞판**
- 1.5무늬(8cm)
- 12단(8cm), 90단(52cm)
- 54코(13cm)
- 무늬뜨기 4.5무늬(22cm)

**왼쪽 앞판**
- 1.5무늬(8cm)
- 34단(23cm), 68단(37cm)
- 54코(13cm)
- 무늬뜨기 4.5무늬(22cm)

**소매**
- 무늬뜨기 A
- 짧은뜨기
- 12.5cm, 7.5cm, 7단(1.5cm)
- 121코(29cm)

## 만드는 방법

### 뒤판

1. 레이스 코바늘 2호와 아이보리 실로 사슬코 85코를 만들어 무늬뜨기 A 4무늬+1코로 시작하는데 도안 2와 도안 4를 참고하여 코 늘림을 하며 뜬다.
2. 진동 둘레 코 줄임은 도안 3, 도안 5를 참고하여 뜬다.
3. 양 어깨코는 무늬뜨기 A 1.5무늬로 2단씩 더 뜨고 마친다.

## 앞판

1. 오른쪽 앞판은 사슬 54코를 만들어 무늬뜨기 A 2.5무늬+1코로 시작하고 도안 2를 참고해 코 늘림을 하며 뜬다.
2. 진동 둘레 코 줄임은 도안 3을 참고하여 뜬다.
3. 앞 목둘레는 도안 6을 참고하여 뜬다.
4. 왼쪽 앞판은 사슬 54코를 만들어 무늬뜨기 A 2.5무늬+1코로 시작하고 도안 4를 참고하여 코 늘림을 한다.
5. 진동 둘레 코 줄임은 도안 5를 참고한다.
6. 앞 목둘레는 도안 7을 참고한다.
7. 앞, 뒤판이 완성되면 각 어깨와 옆 솔기를 코바늘 사슬뜨기로 붙여 완성한다.

## 소매

1. 사슬 121코로 시작하여 무늬뜨기 A를 하는데 도안 8을 참고한다.
2. 똑같이 2장을 뜨고 각각 옆 솔기를 이어 준다.
3. 소매 밑단은 121코를 아이보리 실로 짧은뜨기 5단을 뜨고, 붉은 실로 짧은뜨기 1단을 뜬 뒤 되돌아 짧은뜨기를 1단 떠서 마무리한다.
4. 몸판에 달아 완성한다.

## 칼라 및 단

1. 칼라+오른쪽 앞 중심+밑단+왼쪽 앞 중심까지 전체를 짧은뜨기로 1단을 뜬다.
2. 칼라는 도안 9를 참고한다.
3. 오른쪽 앞 중심단은 아이보리로 짧은뜨기 6단을 뜨는데 4단째에서는 단춧구멍을 만들어 준다.
4. 왼쪽 앞 중심단은 아이보리로 짧은뜨기 6단을 뜬다.
5. 밑단은 무늬뜨기 B를 뜨는데 5단, 6단째의 붉은색 단은 앞 중심단과 칼라까지 연결하여 완성한다.

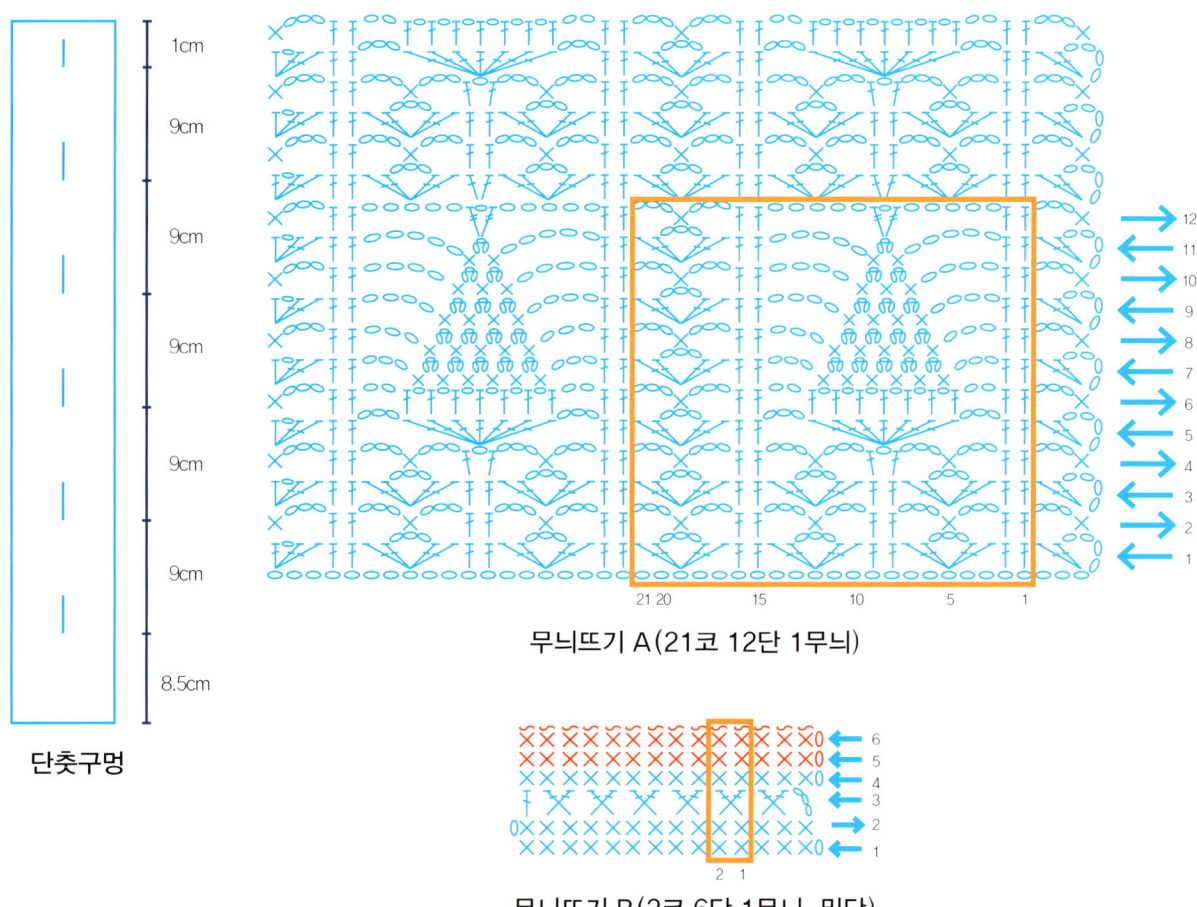

무늬뜨기 A (21코 12단 1무늬)

무늬뜨기 B (2코 6단 1무늬, 밑단)

단춧구멍

도안 2 — 오른쪽 아래

도안 3 — 오른쪽 진동 둘레

## 도안 4

## 도안 5

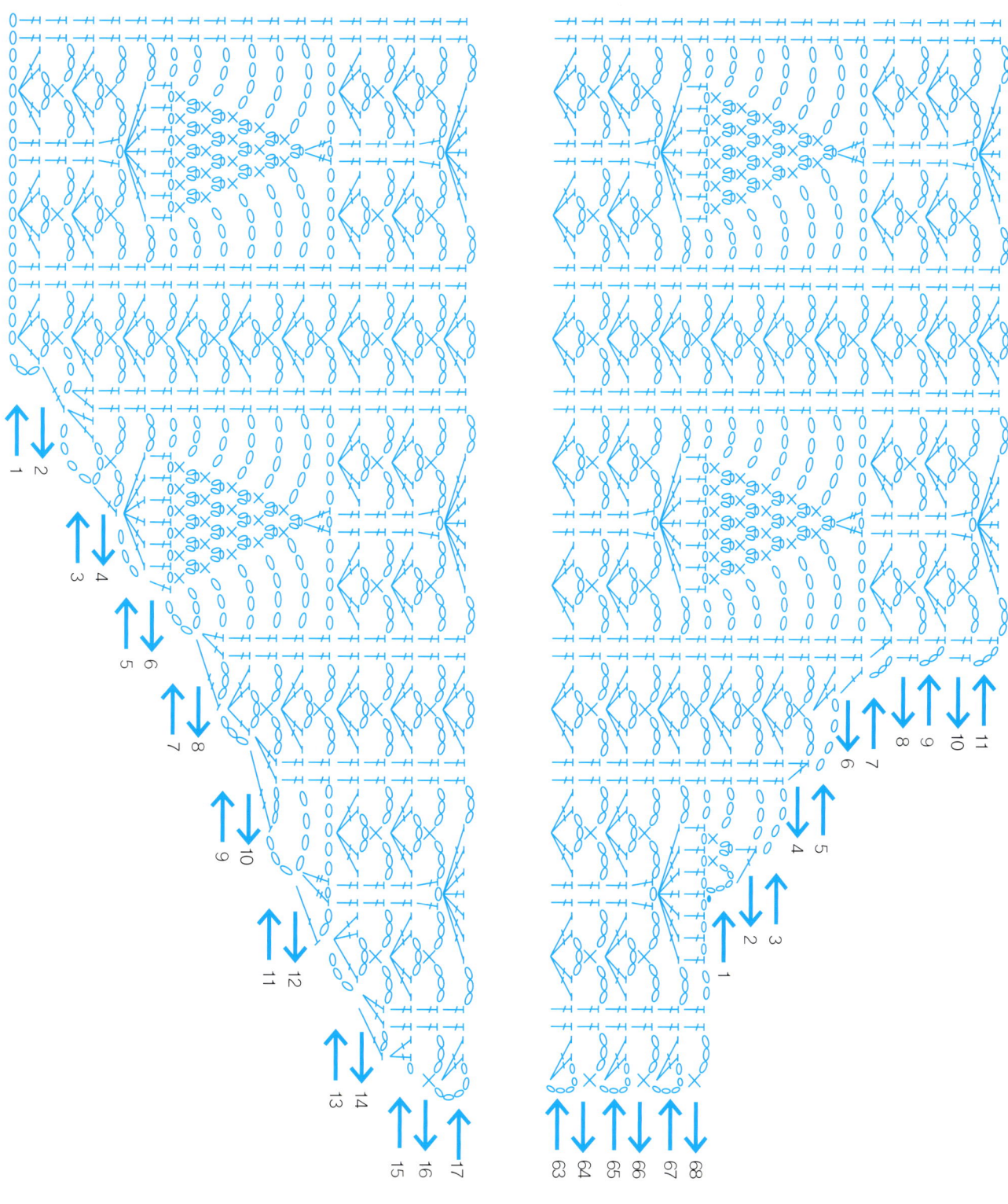

왼쪽 아래        왼쪽 진동 둘레

### 도안 6

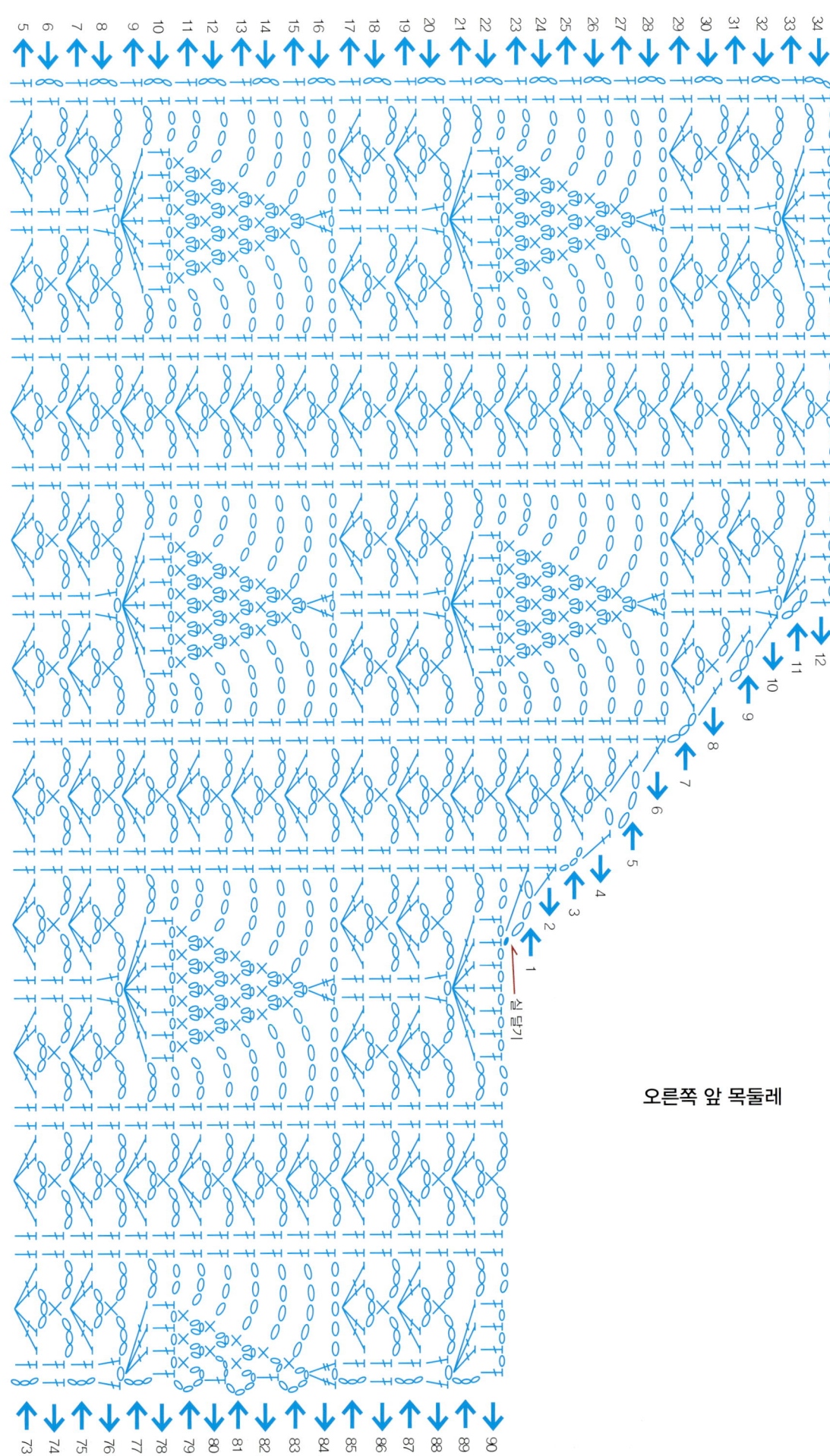

오른쪽 앞 목둘레

도안 7

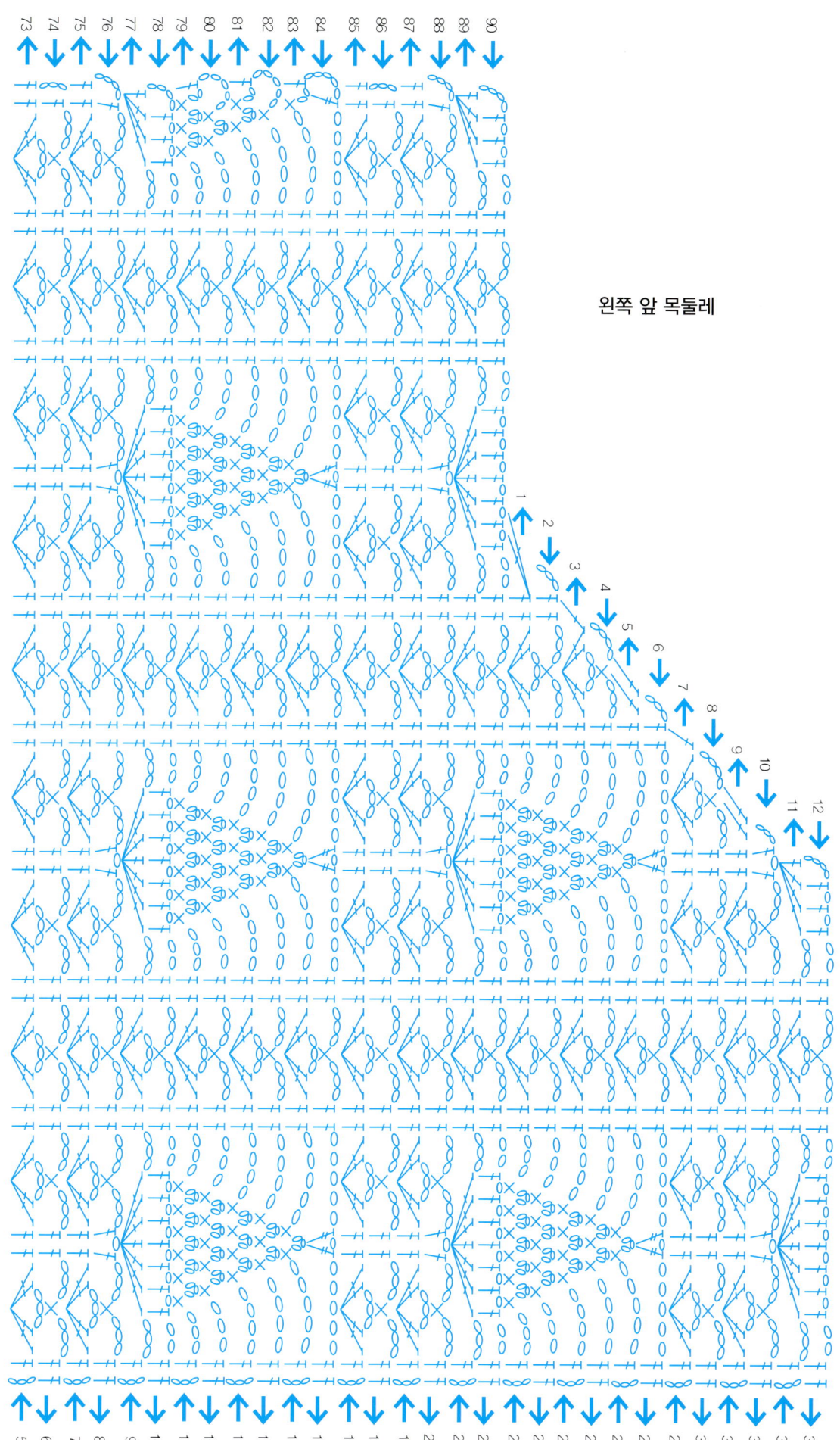

왼쪽 앞 목둘레

## 도안 8

소매

## 도안 9

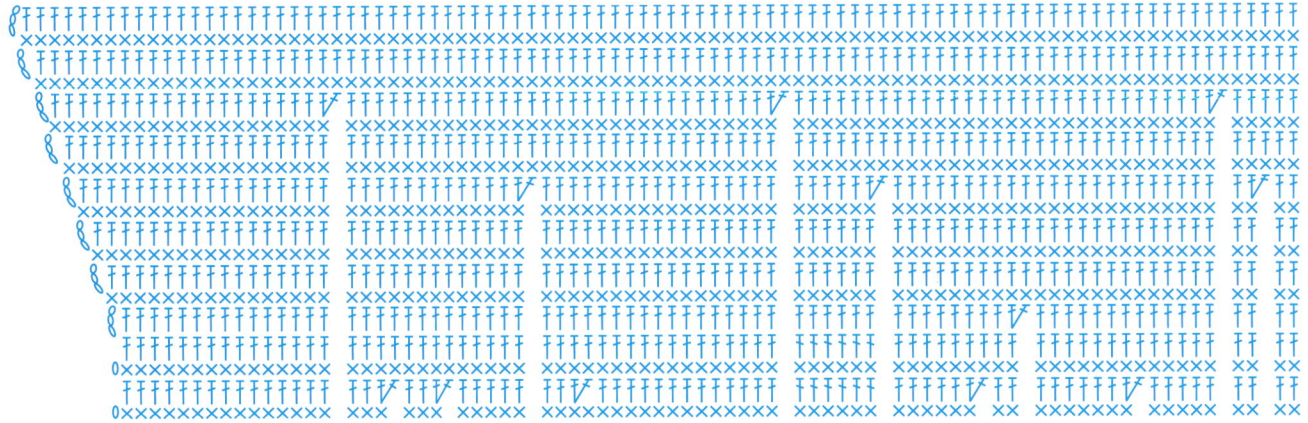

칼라

도안 8

소매

도안 9

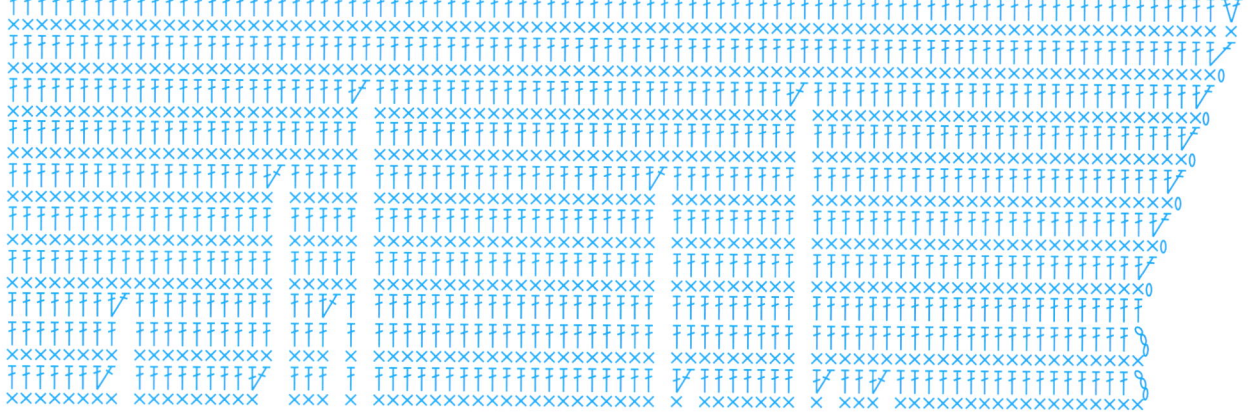

칼라

85

# 빨간색 V넥 조끼

**완성 치수:** 가슴둘레 110cm, 길이 67.5cm
**재료 및 도구:** 실 - 505사(빨간색), 줄바늘 4mm, 5mm, 돗바늘, 밑실 조금
**게이지(10cm x10cm):** 19코 25단
**작품 사진:** 19쪽

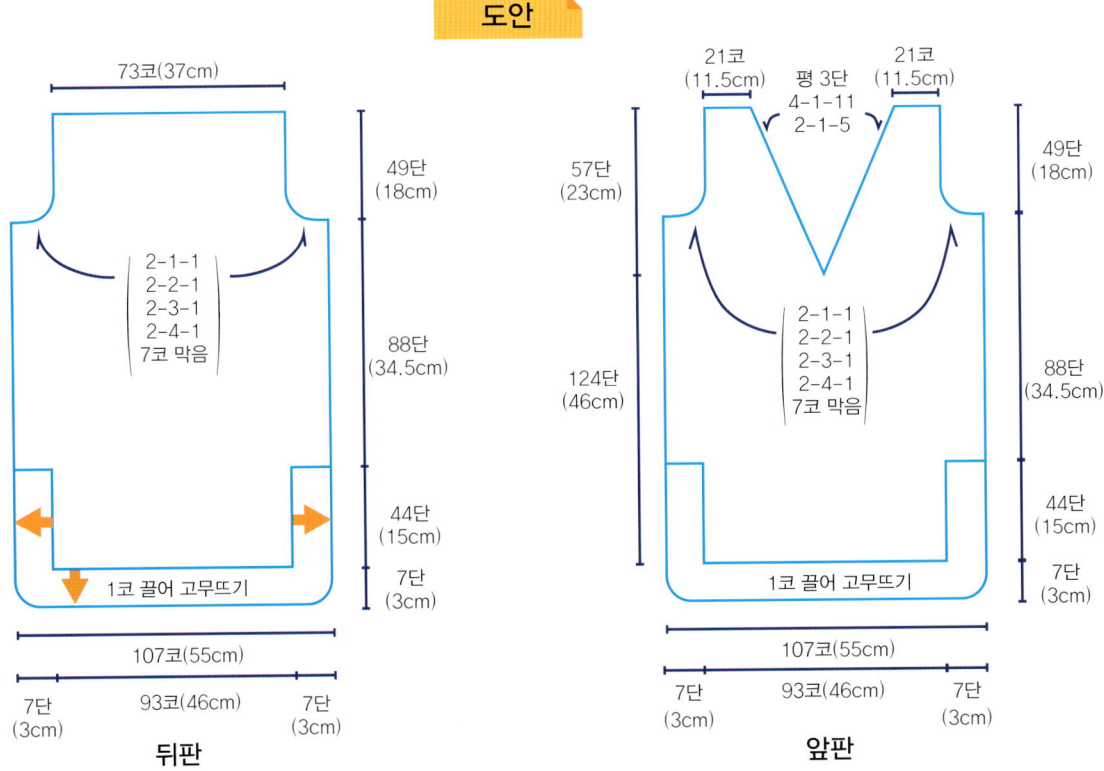

## 만드는 방법

### 뒤판
1. 밑실과 줄바늘 5mm로 기본코 95코를 만들고 505실을 걸어 메리야스뜨기로 44단을 뜬다.
2. 양옆 가장자리에 각각 7코를 만들어 몸판코 109코를 메리야스뜨기로 88단을 뜬다.
3. 진동 둘레는 도안을 참고하여 코 줄임을 한다.
4. 전체 181단이 되도록 뜨고 마친다.

### 앞판
1. 뒤판 시작과 동일한 방법으로 진행한다.
2. 양옆 가장자리에 각각 7코를 만들어 몸판코 109코가 되게 하여 메리야스뜨기로 80단을 뜨고 중심코 1코를 기준으로 이등분하여 V넥 코 줄임을 시작한다.
3. 진동 둘레는 도안을 참고하여 코 줄임을 한다.
4. 어깨코 21코를 뒤판 어깨 부분과 이어 준다.

### 단
1. 밑단뜨기는 4mm 줄바늘과 505실을 이용해 밑 시작 부분과 양 옆면에서 188코를 주워 1코 끌어 고무뜨기로 7단을 뜨는데 4단째는 양 코너에 2코 늘림을 2회씩 하여 8코를 늘려 준다.
2. V넥은 도안을 참고하여 코 줄임을 한다. 목둘레코는 4mm 줄바늘과 505실을 이용해 143코를 1코 고무뜨기로 9단을 뜨는데 중심 1코를 기둥코로 2코씩 줄여 기둥을 세워 뜨고 돗바늘로 마무리한다.
3. 소맷단은 4mm 줄바늘과 505실로 각 소매마다 126코를 주워 1코 고무뜨기 10단을 뜨고 돗바늘로 마무리한다.

# 흰색 보색 조끼

**완성 치수:** 가슴둘레 118cm, 길이 60cm
**재료 및 도구:** 실 – 7PLY(흰색, 검정), 줄바늘 4mm, 5mm, 돗바늘
**게이지(10cm x10cm):** 21코 25단
**작품 사진:** 20쪽

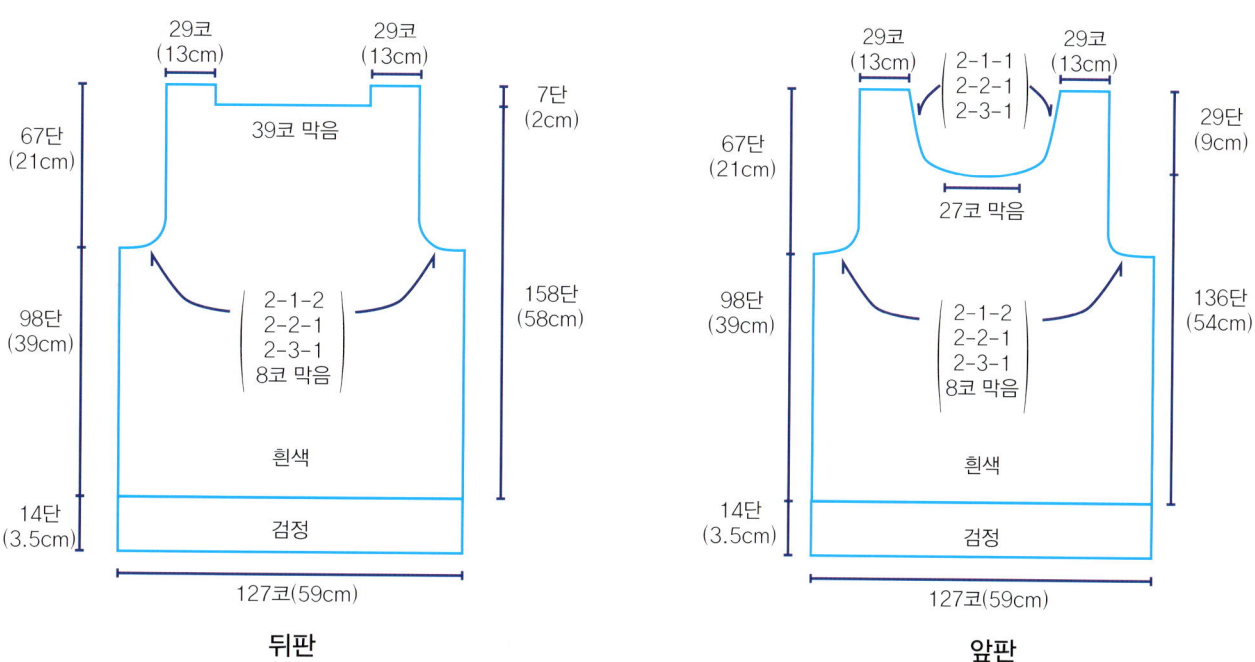

도안 1

뒤판 / 앞판

## 만드는 방법

### 뒤판

1. 4mm 줄바늘과 검정 실을 이용해 흔들코 127코로 시작하여 1코 멍석뜨기 14단을 뜬다.
2. 5mm 바늘로 바꾸어 흰실로 무늬뜨기를 한다. 도안 2를 참고한다.
3. 진동 둘레와 뒤 목둘레의 코 줄임은 도안 1과 도안 2를 참고하여 뜬다.

### 앞판

1. 뒤판 시작과 동일한 방법으로 진행한다.
2. 몸판 무늬뜨기도 뒤판에서와 마찬가지로 바늘과 실을 바꾸어 도안 2를 참고해 무늬뜨기를 한다.
3. 진동 둘레와 앞 목둘레의 코 줄임은 도안 1과 도안 2를 참고한다.

### 단

1. 돗바늘로 양 어깨와 옆 솔기를 각각 이어 준다.
2. 목둘레단은 4mm 줄바늘과 검정 실로 144코를 주워 1코 멍석뜨기 12단을 뜨고 돗바늘로 마무리한다.
3. 소맷단은 4mm 줄바늘과 검정 실로 136코를 주워 1코 멍석뜨기 8단을 뜨고 돗바늘로 마무리하여 완성한다.

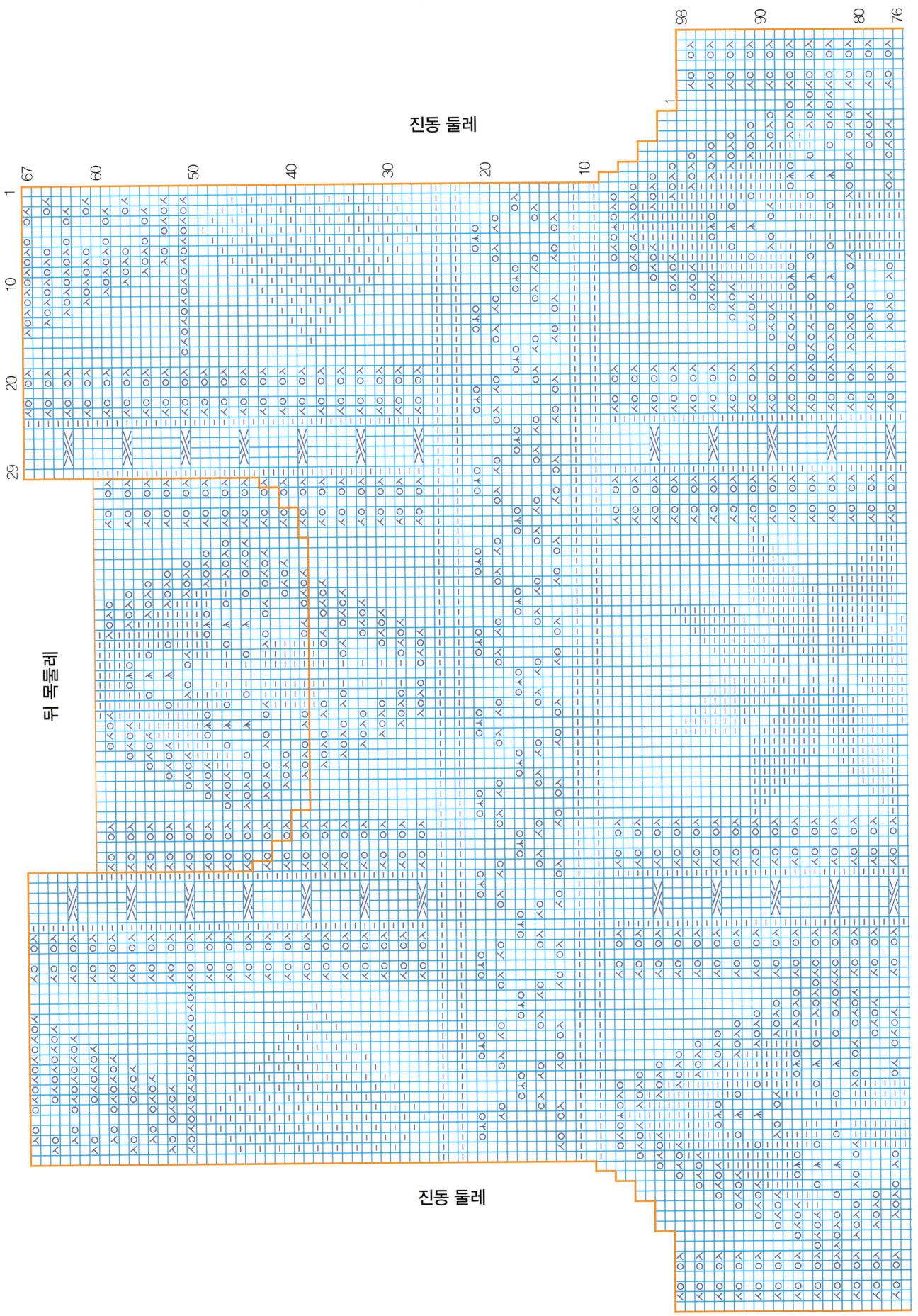

## 도안 2

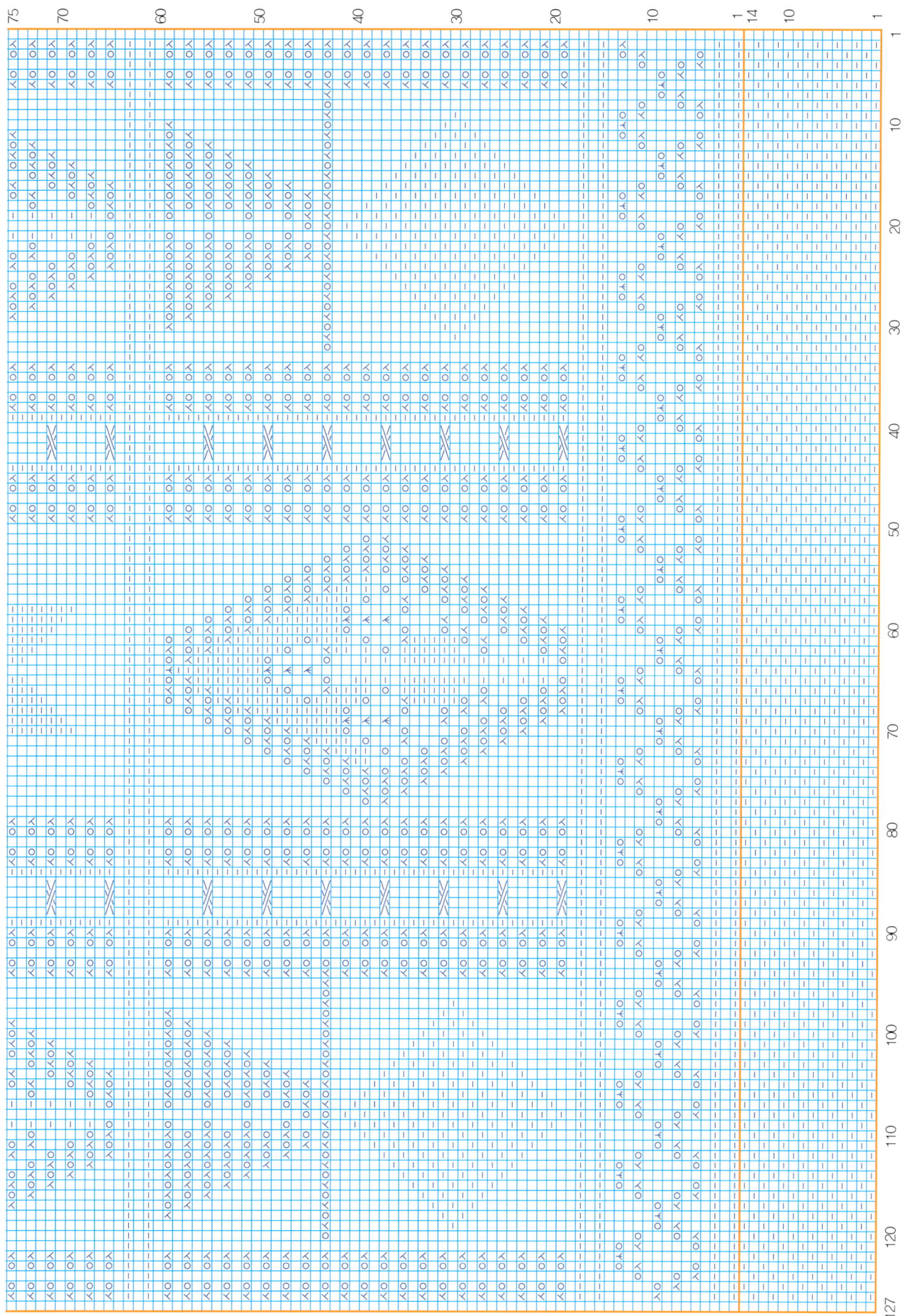

# 자주색 모헤어 숄

**완성 치수:** 53cm x 196cm
**재료 및 도구:** 실 – 퀸(자주색), 키드 모헤어(보라색), 줄바늘 8mm, 코바늘 7호
**게이지(10cm x10cm):** 12코 16단
**작품 사진:** 21쪽

## 만드는 방법

1. 합사한 두 실과 8mm 줄바늘을 이용해 기본코 65코를 만들고 무늬뜨기 A로 282단을 뜬다.
2. 양쪽 술은 코바늘 7호로, 사슬뜨기 30코를 뜨고 반으로 접어 고정하기를 21회 해 준다.

무늬뜨기 A (4코 2단 1무늬)

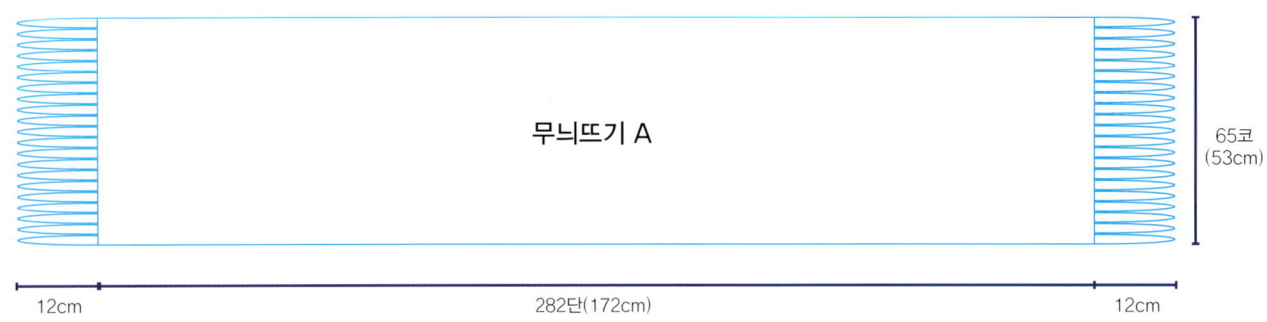

# 분홍색 베스트

**완성 치수:** 가슴둘레 100cm, 길이 58cm
**재료 및 도구:** 실 - 순모 5p(분홍색), 줄바늘 2.5mm, 3mm, 돗바늘
**게이지(10cm x10cm):** 34코 36단
**작품 사진:** 22쪽

도안 1

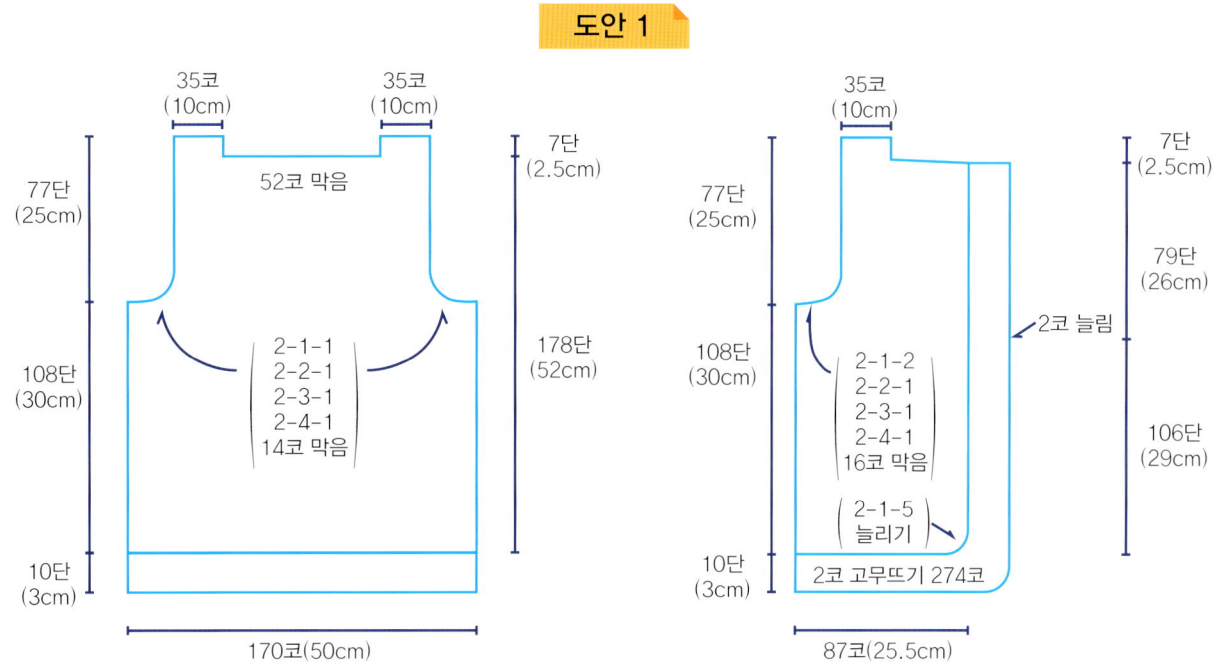

## 만드는 방법

### 뒤판

1. 2.5mm 줄바늘과 실을 이용해 흔들코 170코로 시작하여 2코 고무뜨기 10단을 뜬다.
2. 3mm 줄바늘로 바꾸어 무늬뜨기를 한다.(도안 2 참고)
3. 무늬뜨기 108단을 뜨고 양옆 가장자리를 코 줄임을 하여 진동 둘레를 만든다.
4. 무늬뜨기로 전체 178단을 뜨고 양 어깨코 35코를 7단 떠서 마무리하고 가운데 52코는 막음코로 마무리한다.

### 앞판

1. 3mm 줄바늘과 밑실을 이용해 기본코 87코를 만들고 본실을 걸어 무늬뜨기를 시작하는데 가운데 부분은 2단마다 1코 늘리기를 5회 한다.
2. 앞 중심 107단에서 2코 늘림을 해 준다.(도안 3 참고)
3. 진동 둘레는 코 줄임을 하고 앞 목둘레 코 줄임은 178단째에 32코를 코 막음하고 어깨코 7단을 더 뜨고 마무리한다.
4. 대칭이 되도록 앞판을 1장 더 뜨고 뒤판의 어깨, 옆 솔기와 각각 돗바늘로 잇는다.

### 단

1. 앞단은 밑실 부분에서 앞 중심까지 274코를 주워 2코 고무뜨기 10단을 뜨고 돗바늘로 마무리한다. 밑실은 풀어 준다.
2. 칼라단은 72코를 주워 2코 고무뜨기를 하는데 중심 부분에서 4단마다 코 늘림을 하고 양옆 가장자리도 4단마다 코 늘리기를 하여 46단을 뜬 후 돗바늘로 마무리하고, 앞판 중심단 칼라와 붙여 고정한다.(칼라뜨기 도안 4 참고)
3. 소맷단은 진동 둘레에서 148코를 주워 2코 고무뜨기 8단을 뜨고 마친다.
4. 모든 단뜨기에는 2.5mm 줄바늘을 이용한다.

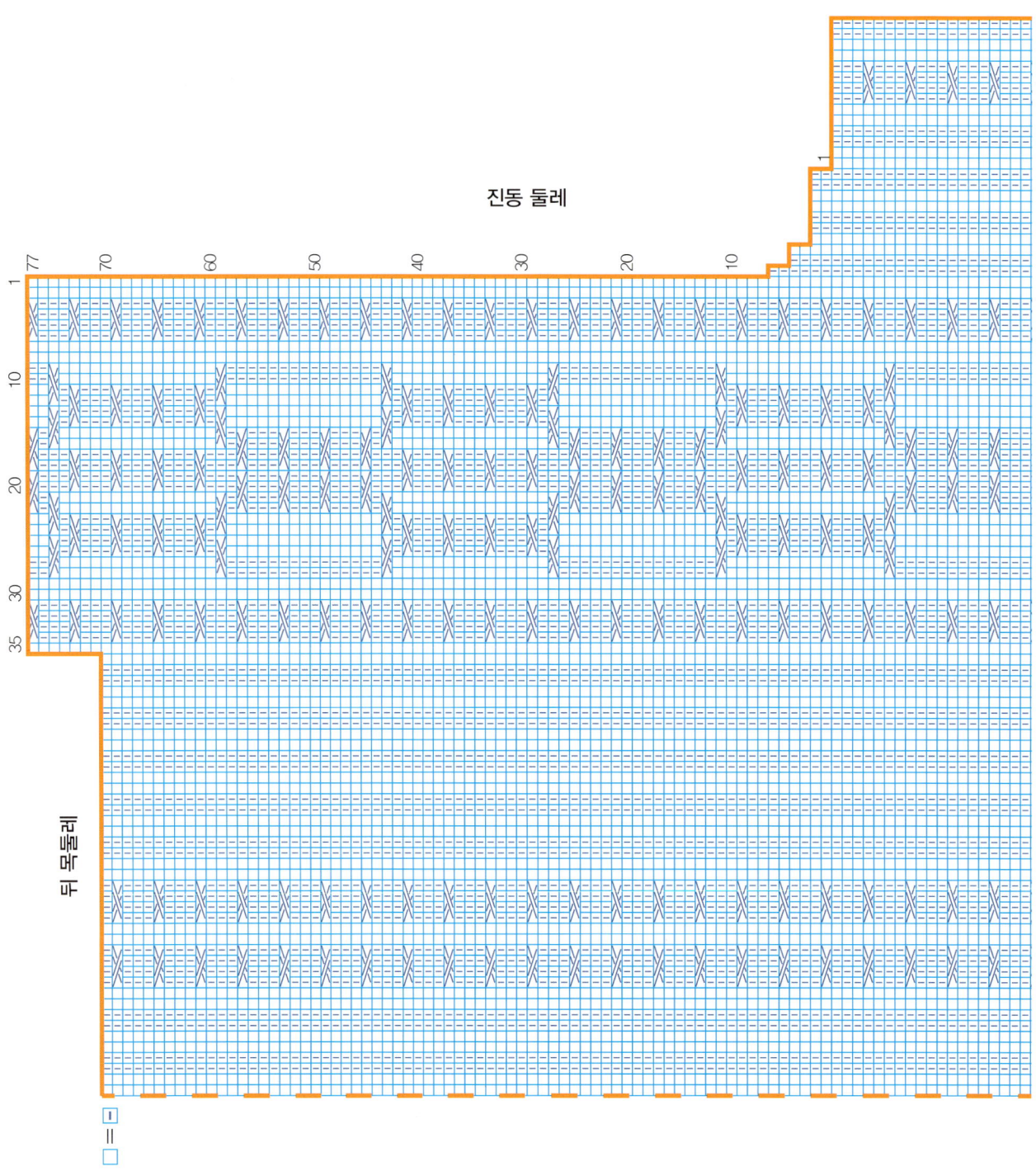

## 도안 2

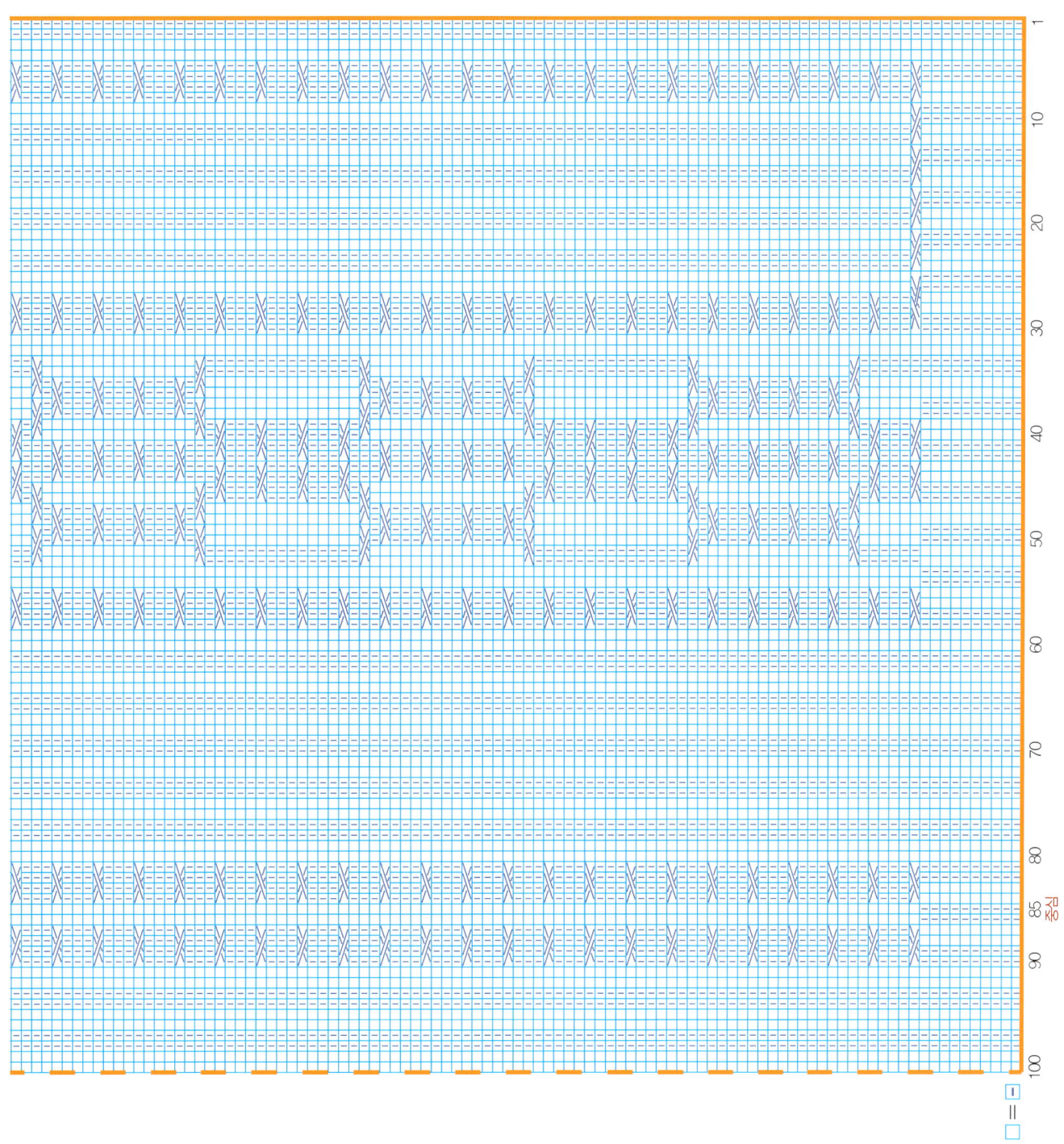

## 도안 3

앞판

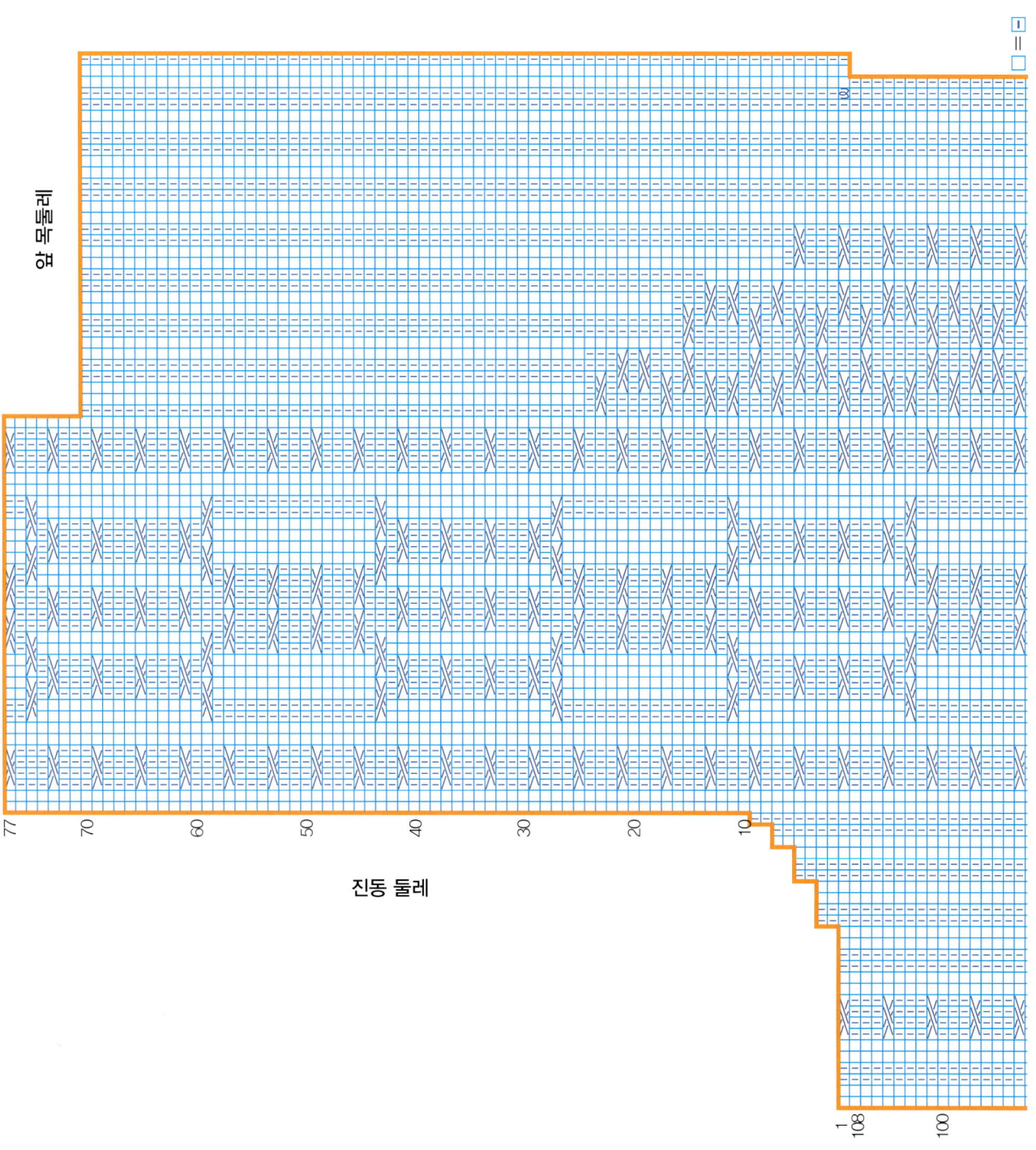

## 도안 3

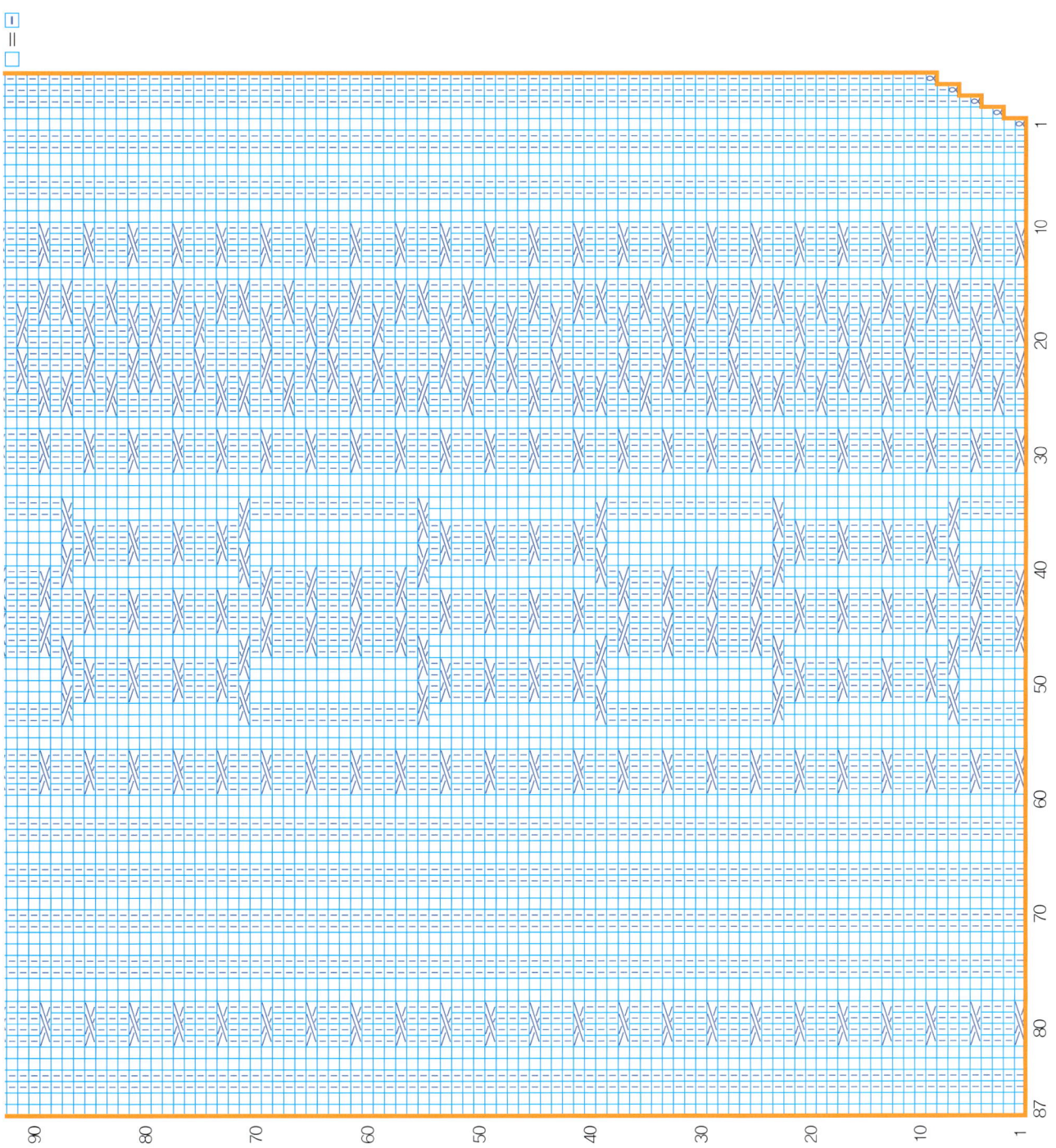

## 도안 4

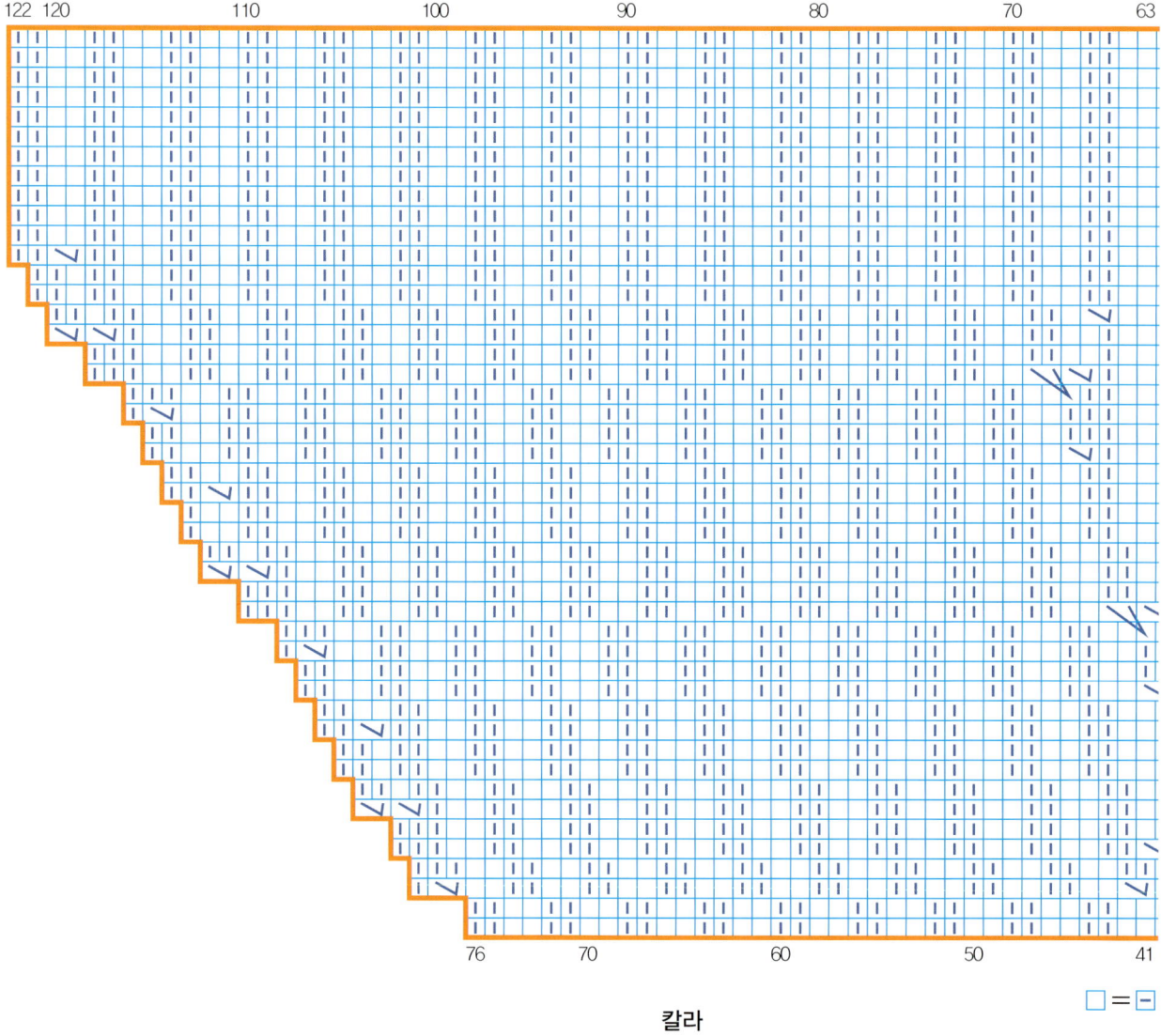

칼라

## 도안 4

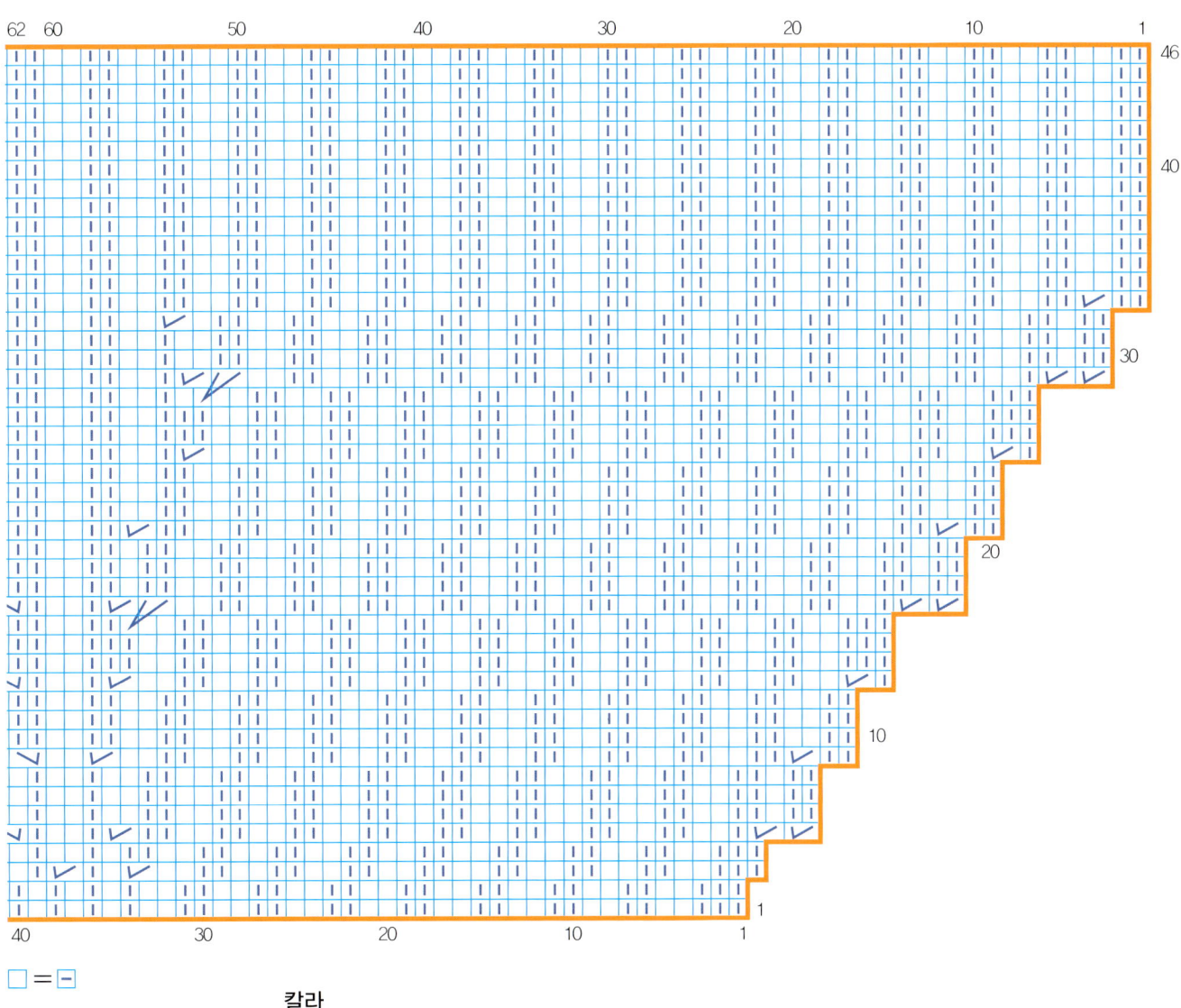

칼라

# 오렌지색 라운드 칼라 재킷

**완성 치수:** 가슴둘레 112cm, 길이 70cm, 소매길이 55cm
**재료 및 도구:** 실 – 순모 5p(오렌지색), 줄바늘 3mm, 3.5mm, 4mm, 돗바늘
**게이지(10cm x10cm):** 30코 32.5단
**작품 사진:** 23쪽

도안 1

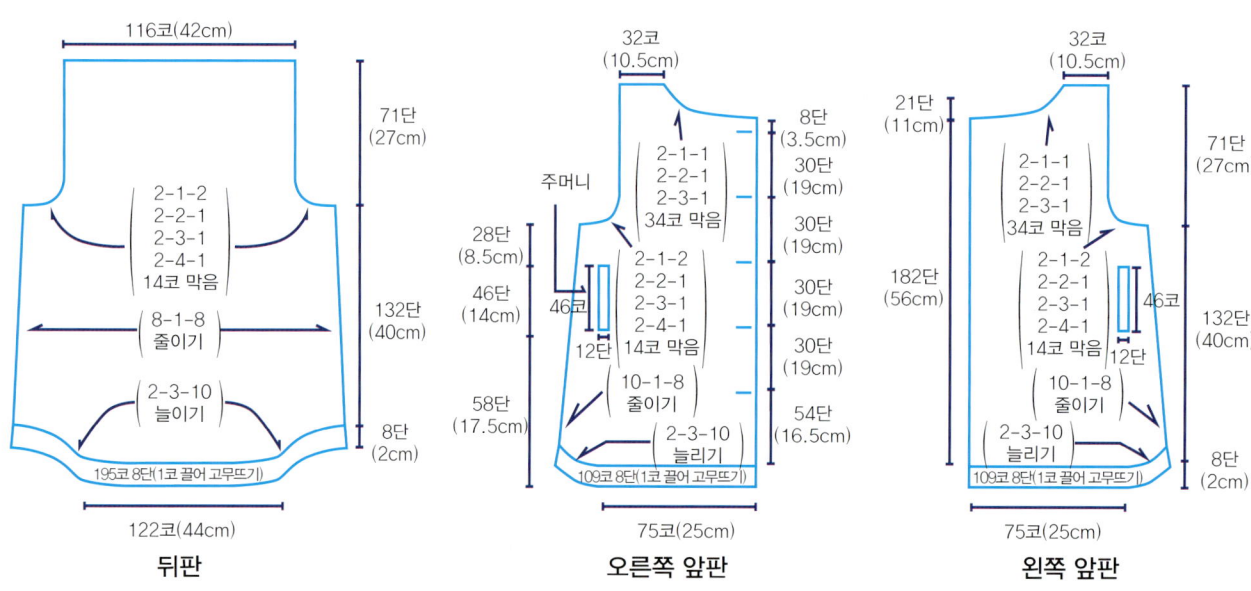

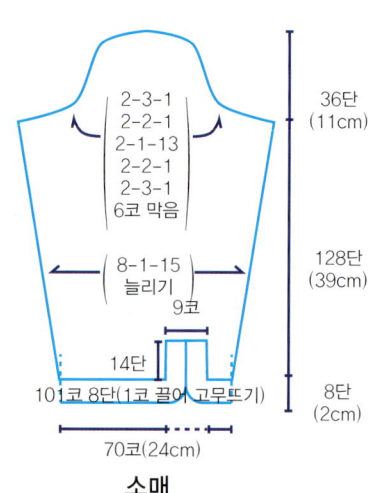

## 만드는 방법

### 뒤판
1. 4mm 줄바늘과 밑실로 기본코 122코를 만든다.
2. 본실을 걸고 무늬뜨기를 하는데 양옆 가장자리에 2단마다 3코씩 걸림코 늘림을 10회 한다.(도안 2)
3. 옆선은 8단마다 1코씩 줄이기를 8회 해 준다.
4. 진동 둘레 코 줄임은 도안 1과 도안 2를 참고한다.
5. 밑단은 4mm 줄바늘로 코 늘림이 끝난 부분에서 반대쪽까지 195코를 주워 1코 걸러 고무뜨기를 8단 뜨고 돗바늘로 꿰맨다.

### 앞판
1. 4mm 줄바늘과 밑실을 이용해 기본코 75코를 만든다.
2. 본실을 걸고 무늬뜨기를 하는데 한쪽에만 2단마다 3코씩 걸림코 늘림을 10회 해 준다.(도안 3)
3. 오른쪽 앞판은 단춧구멍을 만드는데 도안 4를 참고한다.
4. 도안 3을 참고하여 주머니 입구를 만든다.
5. 진동 둘레 코 줄임은 도안 1과 도안 3을 참고한다. 앞 목둘레도 코 줄임을 한다.(도안 1, 3)
6. 밑단은 4mm 줄바늘로 코 늘림이 끝난 부분에서 중심점까지 109코를 주워 1코 걸러 고무뜨기로 8단을 뜨고 돗바늘로 꿰매어 마친다.
7. 주머니 입구는 3mm 줄바늘과 실을 이용해 46코를 주워 1코 고무뜨기 12단을 떠서 돗바늘로 마무리하고 옆 솔기 부분은 몸판에 꿰매어 고정한다.
8. 주머니 속은 안감으로 만들어 주머니 입구 안쪽에 바늘로 꿰매어 고정한다.

### 소매
1. 4mm 줄바늘과 밑실로 기본코 70코를 만든다.
2. 본실을 걸고 무늬뜨기를 하는데 14단까지 뜨고 15단째에 9코 걸림코를 만들어 오픈된 곳을 이어 주고 소매 옆 솔기를 터 준다.(도안 5)
3. 도안 5를 참고하여 코 늘림을 해 주고 소매산은 코 줄임을 하여 완성한다.
4. 반대쪽 소매에는 대칭적으로 소매밑단 터줌을 해 준다.
5. 소매 밑단은 4mm 줄바늘과 실을 이용해 101코를 주워 8단을 뜨고 돗바늘로 꿰매어 마무리하고 몸판에 달아 준다.

### 칼라
1. 3mm 줄바늘과 실을 이용해 목둘레에서 121코를 줍고 1코 고무뜨기를 하는데 도안 6을 참고하여 코 늘림을 한다.
2. 칼라는 12단마다 3mm 줄바늘, 3.5mm 줄바늘, 4mm 줄바늘로 바꾸어 뜬다.
3. 마지막 8단은 옆 솔기 부분에서 각각 38코씩 주어 1코 걸러 고무뜨기로 뜨고 마친다.
4. 앞중심은 코바늘 5호를 이용해 되돌아 짧은뜨기로 마무리한다.
5. 밑실을 풀어낸다.

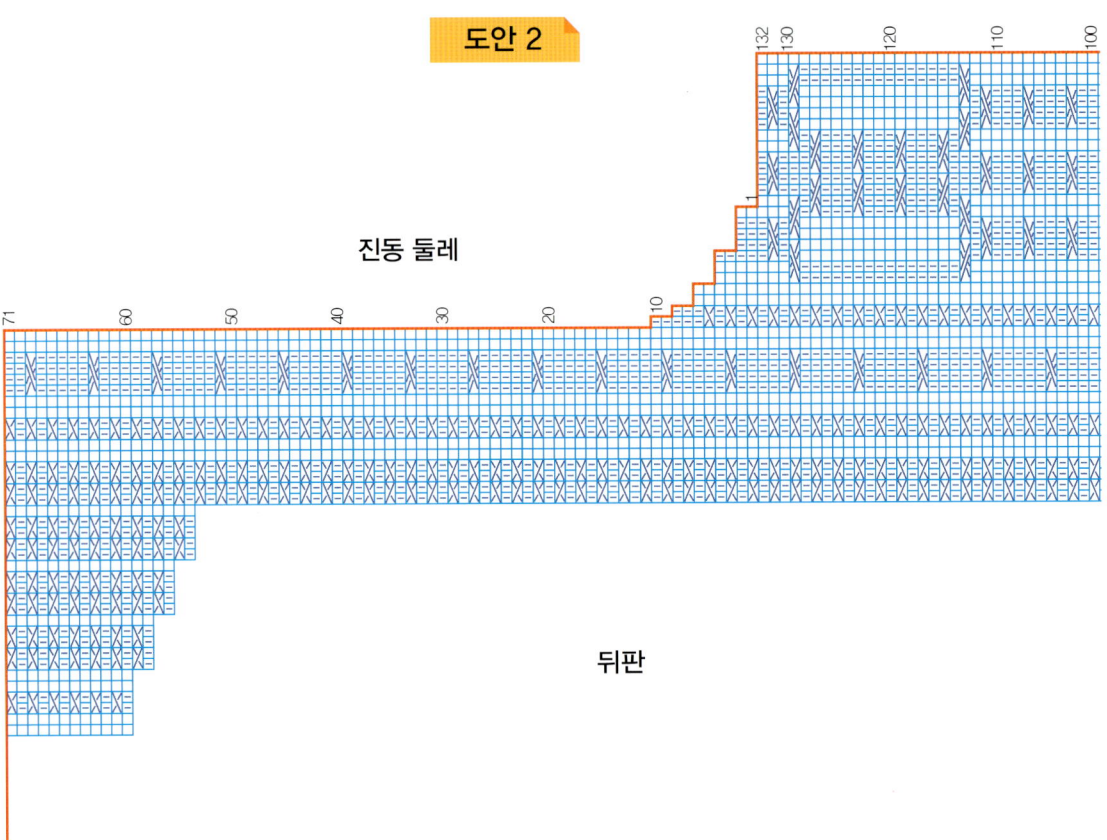

도안 2

진동 둘레

뒤판

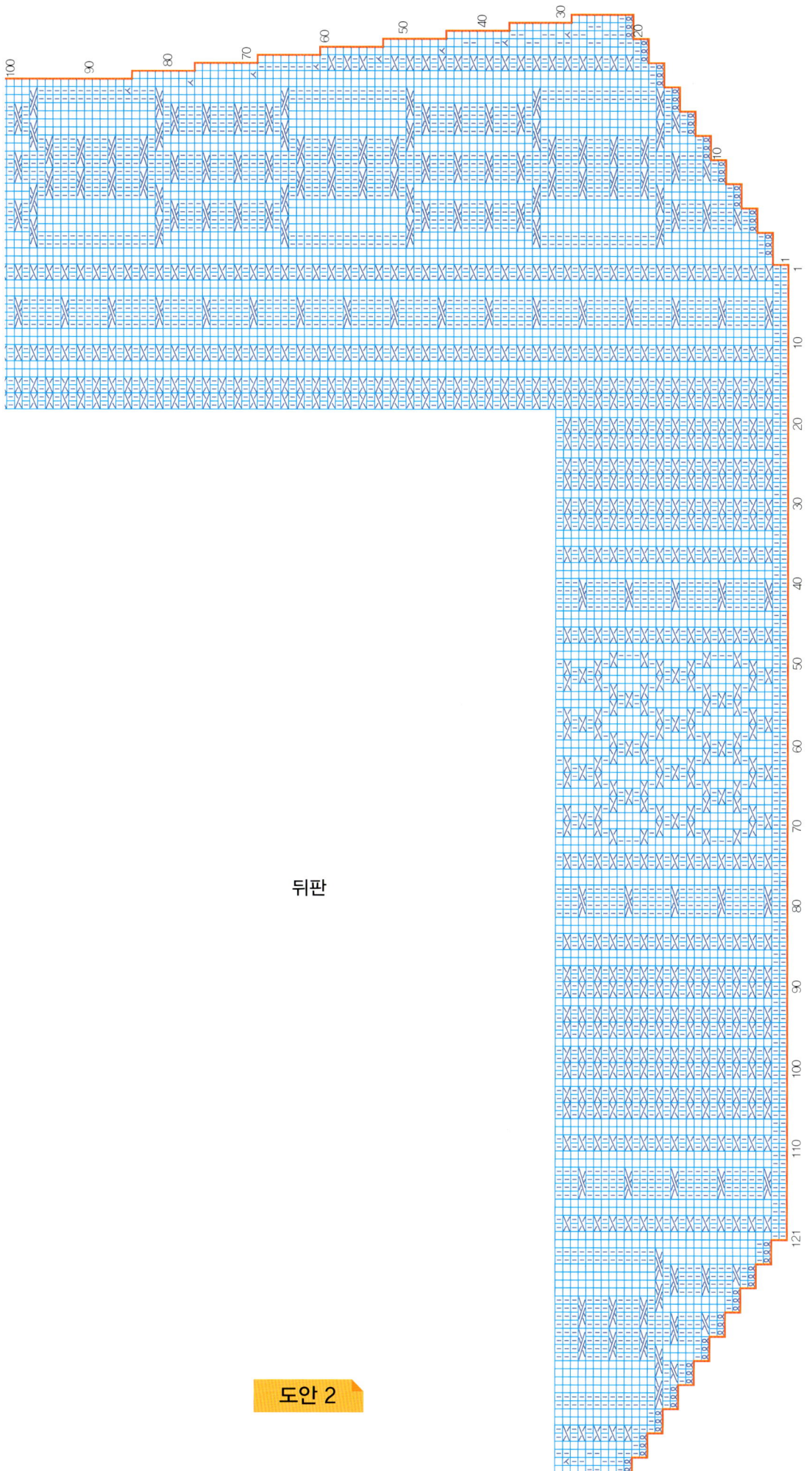

도안 2

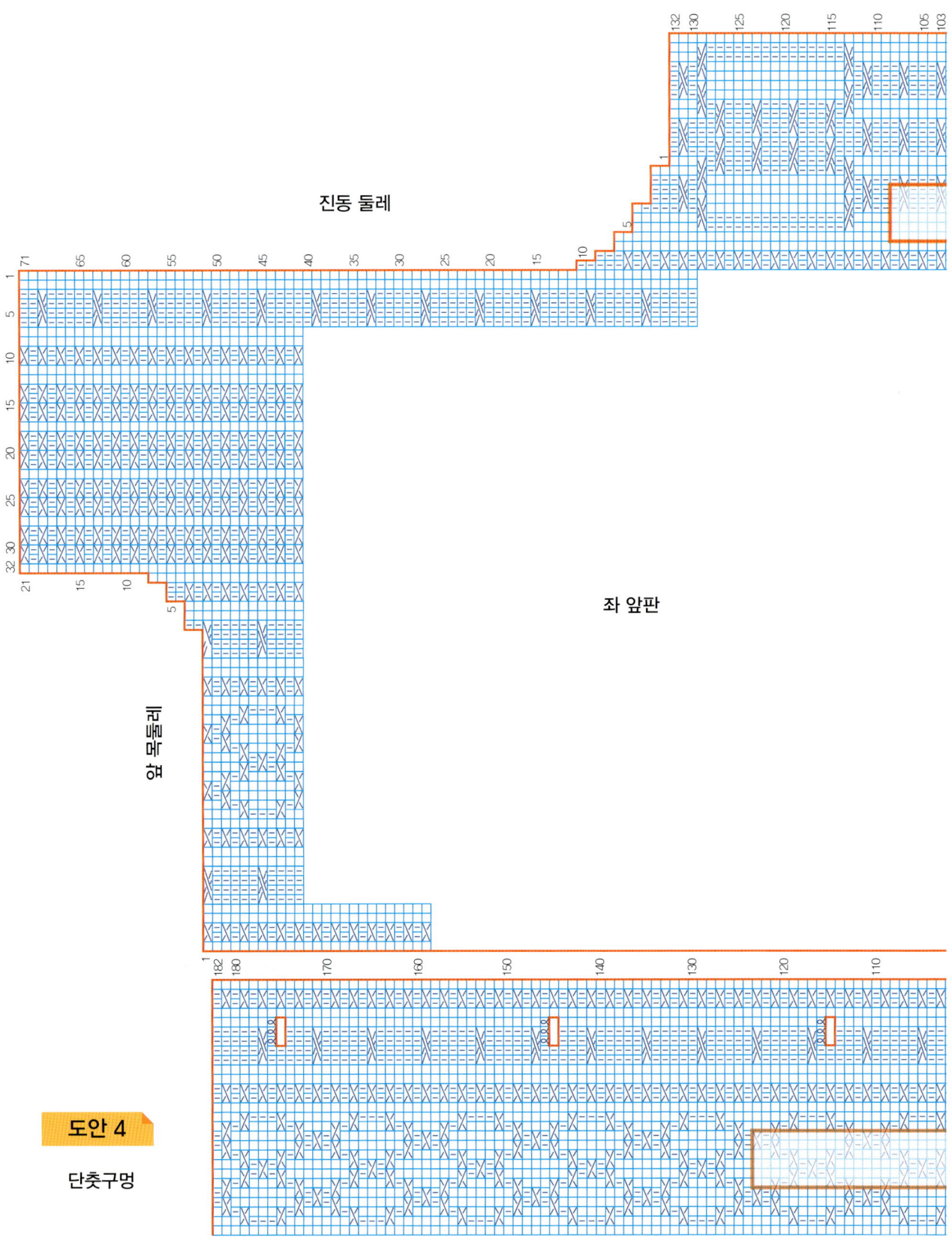

## 도안 3

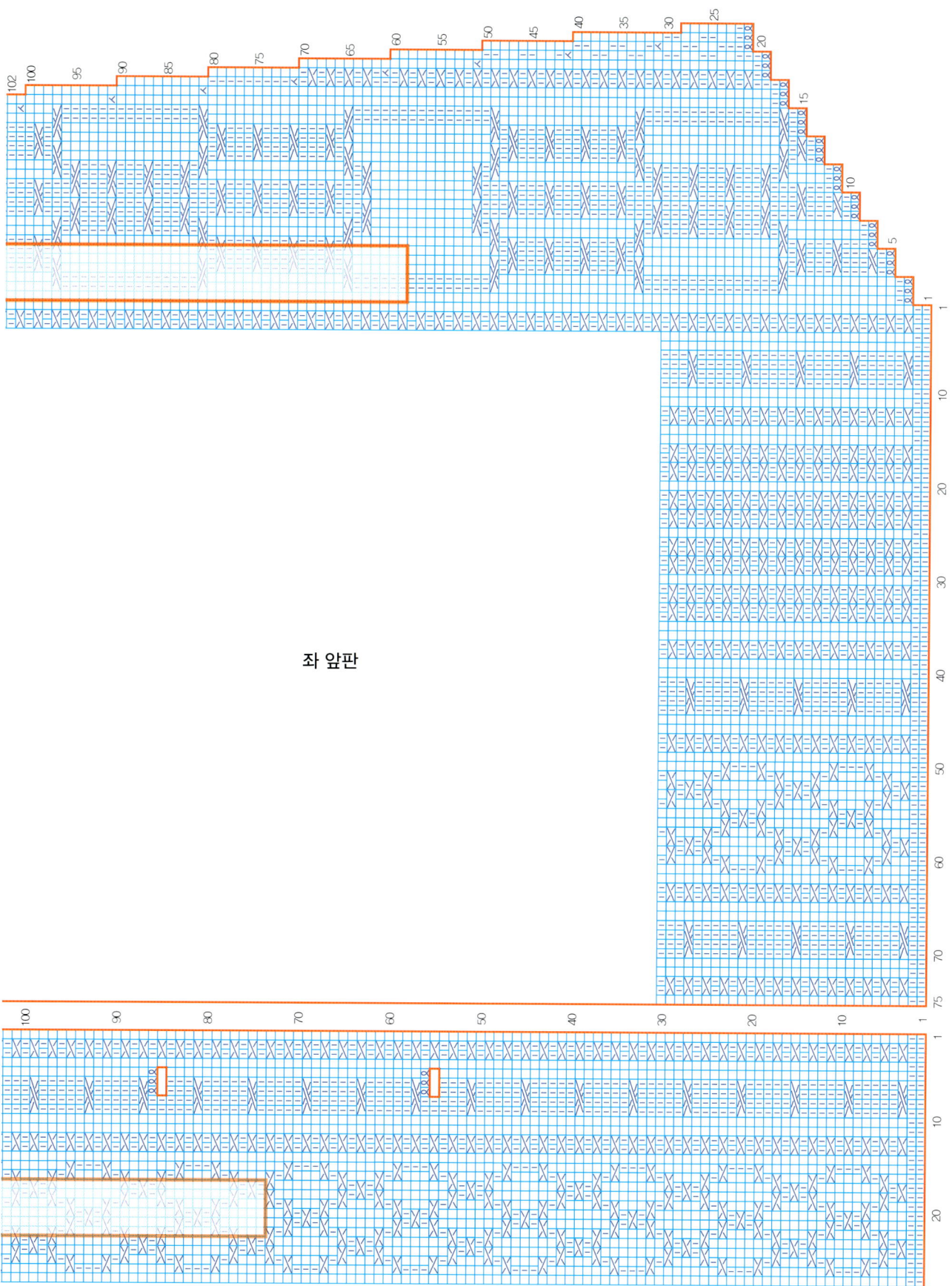

좌 앞판

## 도안 5

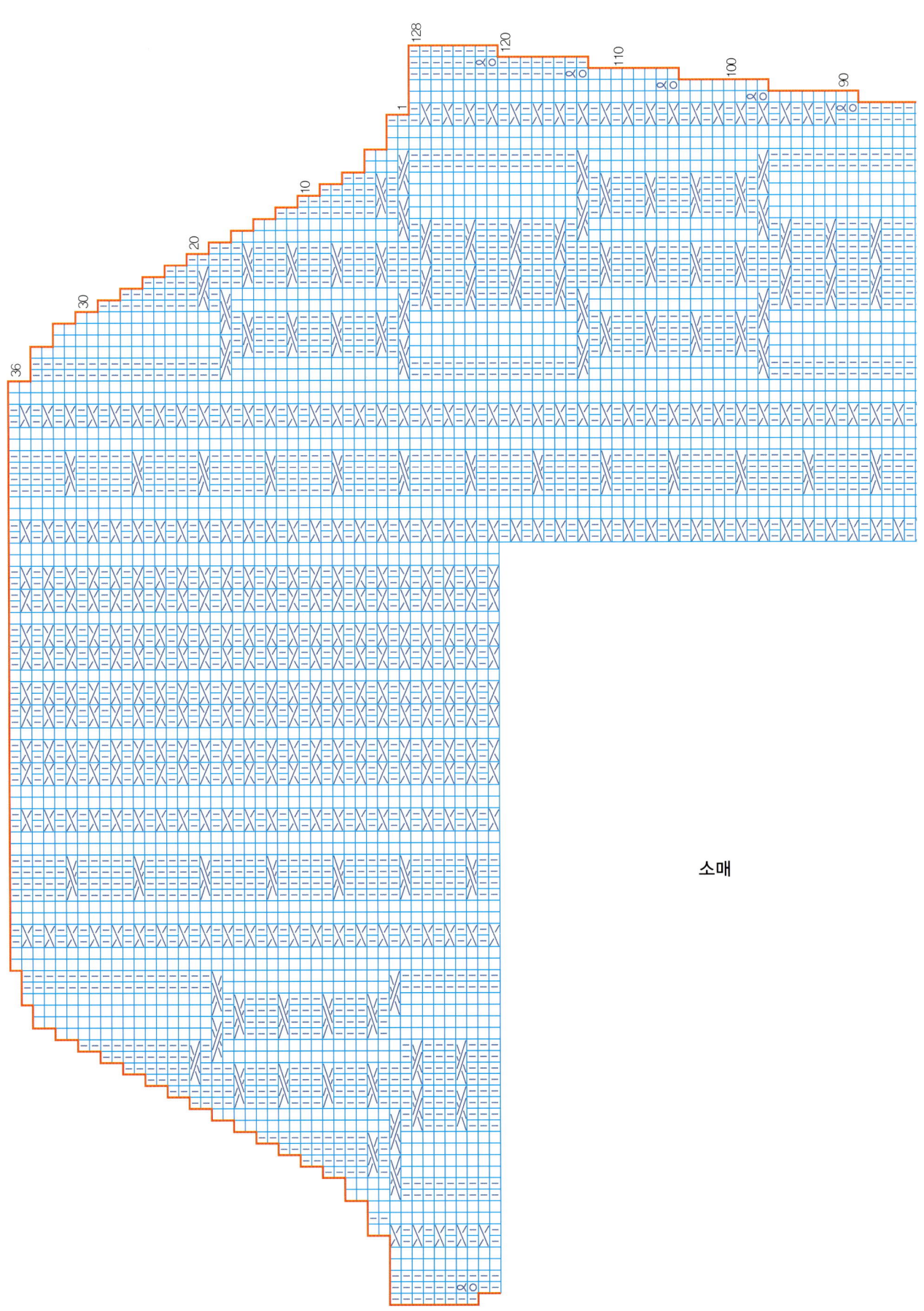

소매

도안 5

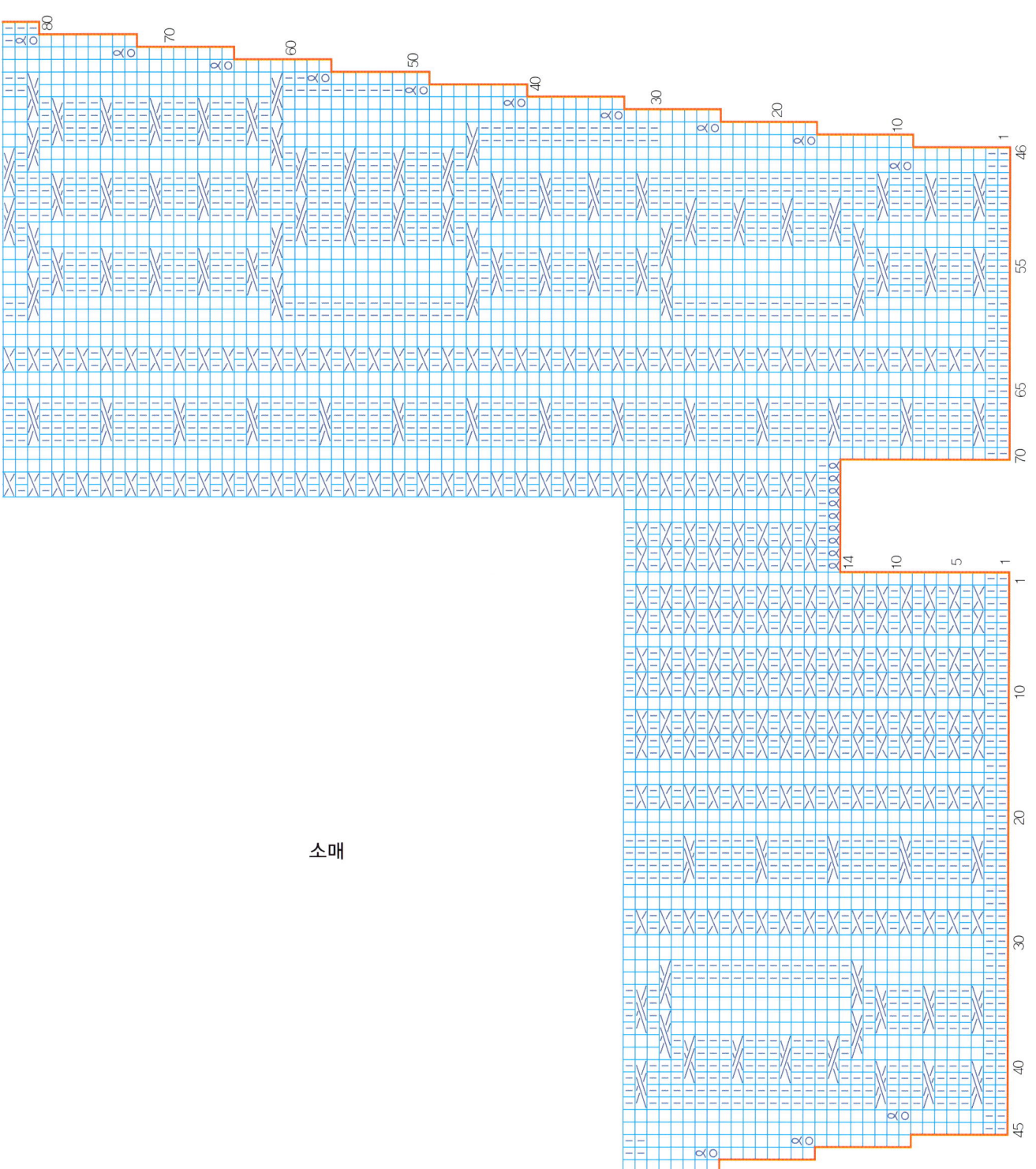

소매

## 도안 6

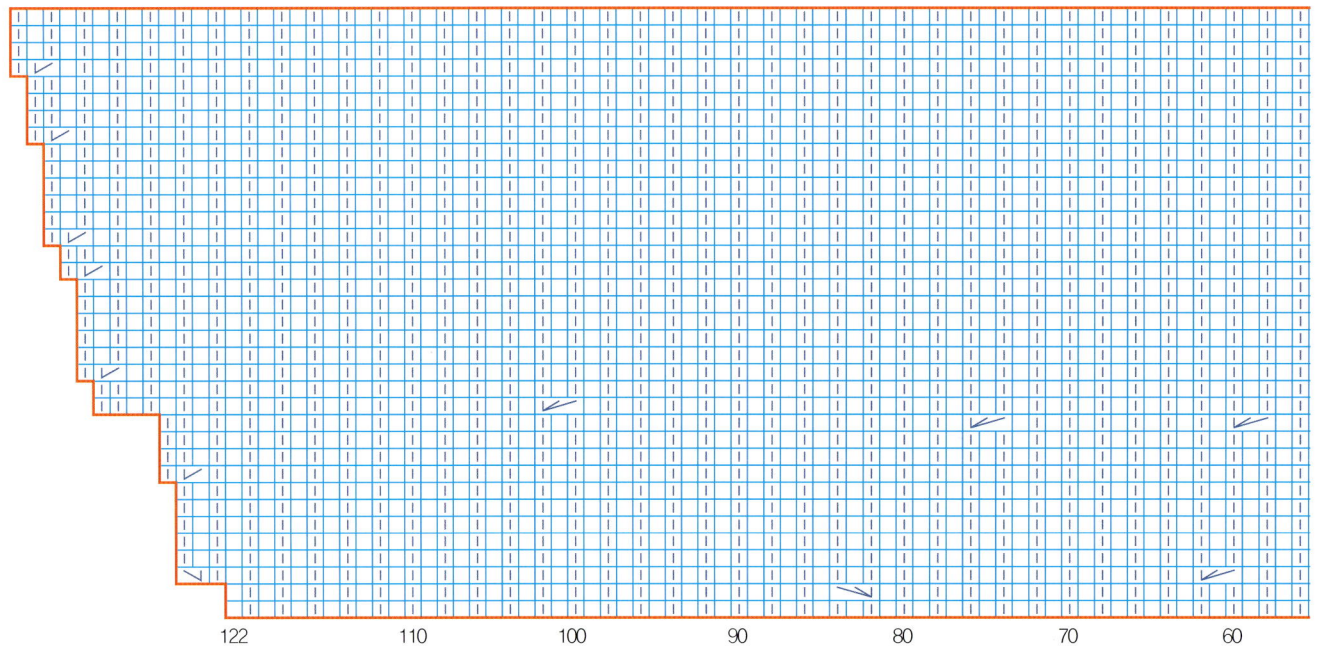

칼라

### 도안 6

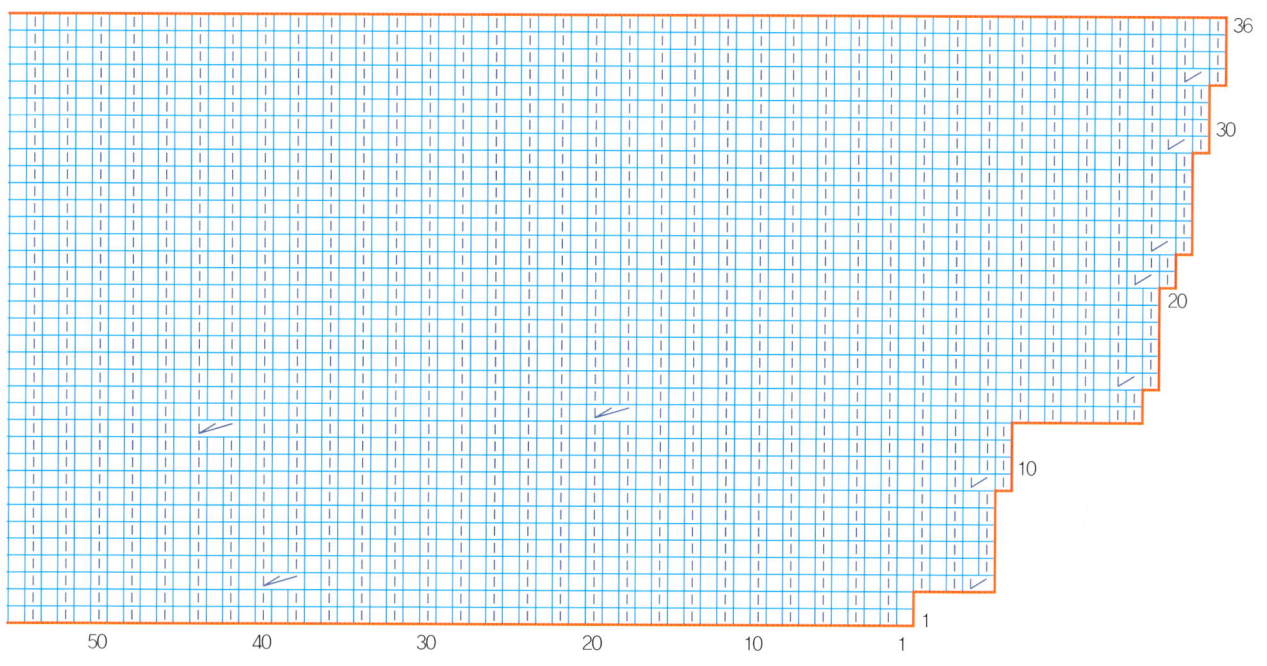

칼라

# 후드 점퍼

**완성 치수:** 가슴둘레 104cm, 길이 57cm, 소매길이 58cm
**재료 및 도구:** 실 – 림보(회색), 5PLY(보라색), 줄바늘 4mm, 5.5mm, 돗바늘
**게이지(10cm x10cm):** 15코 21단
**작품 사진:** 24쪽

**도안 1**

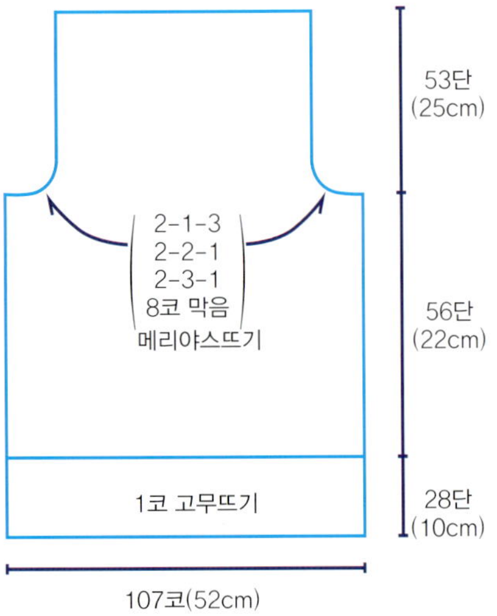

뒤판 — 107코(52cm), 53단(25cm), 56단(22cm), 28단(10cm), 2-1-3 / 2-2-1 / 2-3-1 / 8코 막음, 메리야스뜨기, 1코 고무뜨기

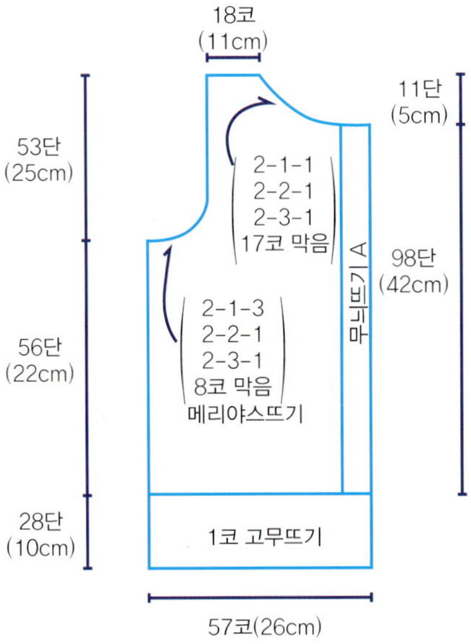

오른쪽 앞판 — 57코(26cm), 18코(11cm), 11단(5cm), 53단(25cm), 98단(42cm), 56단(22cm), 28단(10cm), 2-1-1 / 2-2-1 / 2-3-1 / 17코 막음, 2-1-3 / 2-2-1 / 2-3-1 / 8코 막음, 메리야스뜨기, 마니빈기 A, 1코 고무뜨기

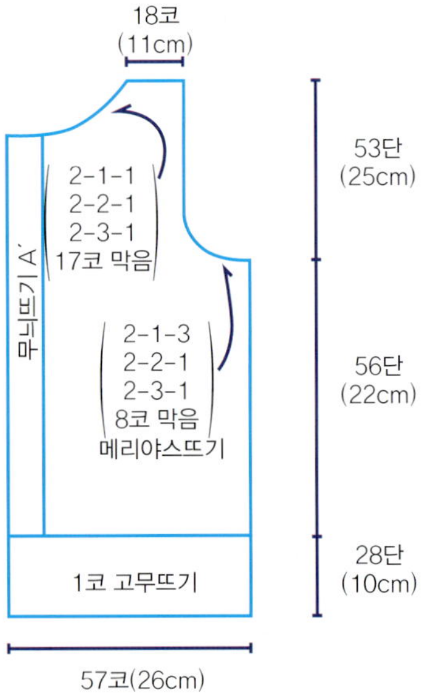

왼쪽 앞판 — 57코(26cm), 18코(11cm), 53단(25cm), 56단(22cm), 28단(10cm), 2-1-1 / 2-2-1 / 2-3-1 / 17코 막음, 2-1-3 / 2-2-1 / 2-3-1 / 8코 막음, 메리야스뜨기, 마니빈기 A', 1코 고무뜨기

소매 — 47코(18cm), 59코(34cm), 30단(15cm), 74단(32cm), 30단(11cm), 2-3-1 / 2-2-1 / 2-1-10 / 2-2-1 / 2-3-1 / 6코 막음, (8-1-8 늘리기), (평 12단), 1코 고무뜨기

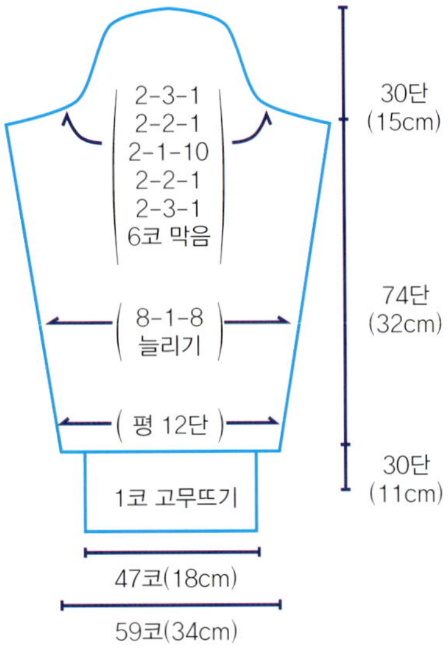

모자 — 67코(42cm), 64단(26cm), 78단(37cm), 4단(1cm), 2-3-1 / 2-2-1 / 2-1-1, 1코 줄임, 마니빈기 A / A', 1코 끌어 고무뜨기

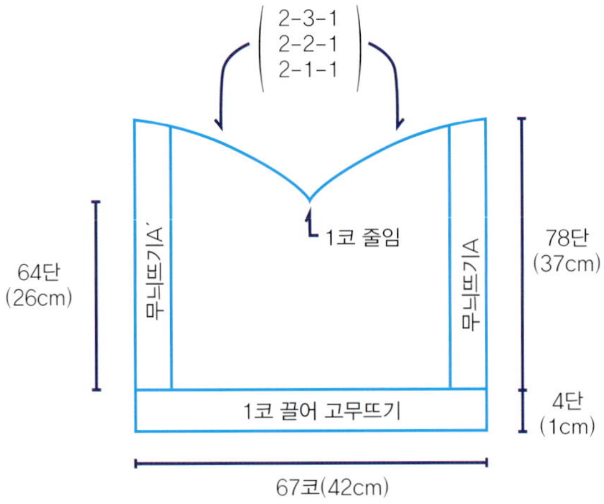

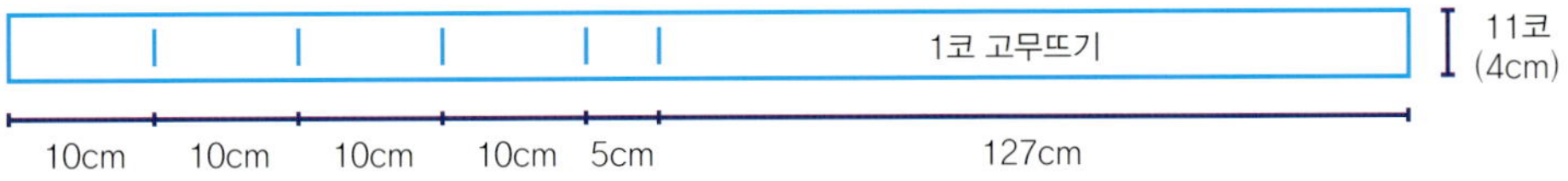

앞 중심단 — 11코(4cm), 1코 고무뜨기, 10cm, 10cm, 10cm, 10cm, 5cm, 127cm

## 만드는 방법

### 뒤판
1. 림보와 5PLY를 합사해 4mm 줄바늘로 흔들코 107코를 만들어 1코 고무뜨기 28단을 뜬다.
2. 5.5mm 줄바늘로 바꾸어 메리야스뜨기를 56단 뜨고 진동 둘레 코 줄임을 하는데 도안 1을 참고하여 코 줄임을 한다.
3. 진동 둘레 코 줄임부터 53단(25cm)을 뜨고 마친다.

### 앞판
1. 합사한 실과 4mm 줄바늘을 이용해 흔들코 57코를 만들어 1코 고무뜨기를 28단 뜬다.
2. 5.5mm 줄바늘로 바꾸어 메리야스뜨기와 무늬뜨기 A를 배치해 56단을 뜨고 진동 둘레 코 줄임은 도안 1을 참고해서 뜬다.
3. 진동 둘레 코 줄임과 앞 목둘레 코 줄임도 도안 1의 게이지 대로 줄여 뜬다.
4. 다른 앞판은 먼저 뜬 것과 대칭이 되도록 무늬뜨기 A를 배치하고 코 줄임도 대칭되게 한다.
5. 각각 완성된 앞판은 뒤판 어깨에 붙이고 옆 솔기도 돗바늘로 이어 준다.

### 소매
1. 합사한 실과 4mm 줄바늘을 이용해 흔들코 47코를 만들어 1코 고무뜨기로 36단을 뜬다.
2. 5.5mm 줄바늘로 바꾸고 12코를 늘려 59코가 되게 하여 메리야스뜨기 평 12단을 뜨고, 양옆 솔기에서 각 8단마다 1코씩 늘리기를 8회 한다.
3. 소매산 코 줄임은 도안 1을 참고한다.
4. 똑같이 1장을 더 뜨고 옆 솔기를 돗바늘로 꿰매어 몸판에 달아 준다.

### 모자와 단
1. 4mm 줄바늘과 실을 이용해 목둘레에서 67코를 주워 1코 끌어 고무뜨기로 4단을 뜬다.
2. 5.5mm 줄바늘로 바꾸어 앞판 무늬뜨기 A 부분은 연결되게 무늬를 배치하고 나머지는 메리야스뜨기를 하여 평 64단을 뜬다.
3. 이등분을 하고 가운데 한 코를 줄여 준다.
4. 이등분한 것을 각각 도안 1 모자뜨기 코 줄임을 참고하여 줄여 주고 다 뜨고 나면 돗바늘로 꿰맨다.
5. 앞 중심단은 11코를 1코 고무뜨기로 뜨는데 오른쪽 부분에는 단춧구멍 5개를 만든다.
6. 앞 중심단을 돗바늘로 꿰매어 완성한다.

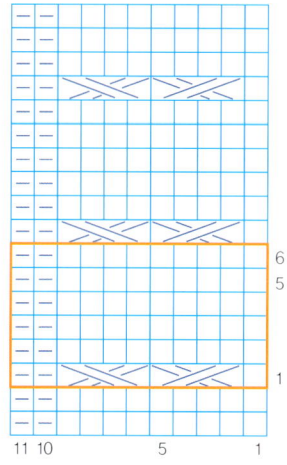

오른쪽 앞판 무늬 A

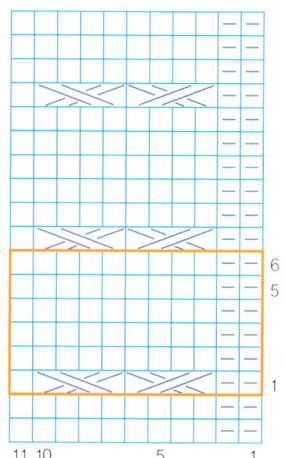

왼쪽 앞판 무늬 A´

# 비취색 모헤어 목도리

**완성 치수:** 23cm x 230cm
**재료 및 도구:** 실 – 키드 모헤어(비취색), 7PLY 매니어 1올, 줄바늘 6mm, 돗바늘
**게이지(10cm x10cm):** 26코 19단
**작품 사진:** 25쪽

## 만드는 방법

1. 6mm 줄바늘과 실을 이용해 흔들코 61코를 만들어 1코 고무뜨기 12단을 뜬다.
2. 한 코를 늘려 62코로 무늬뜨기를 한다.
3. 무늬뜨기 454단을 뜨고 한 코를 줄여 61코로 1코 고무뜨기를 12단 뜬다.
4. 돗바늘로 마무리하고 완성한다.

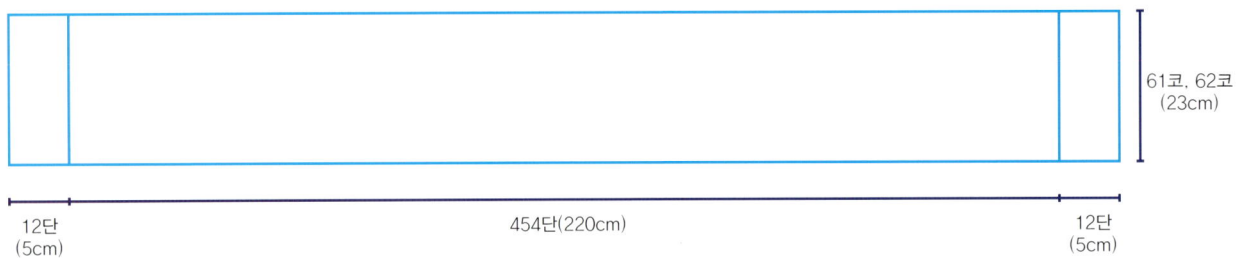

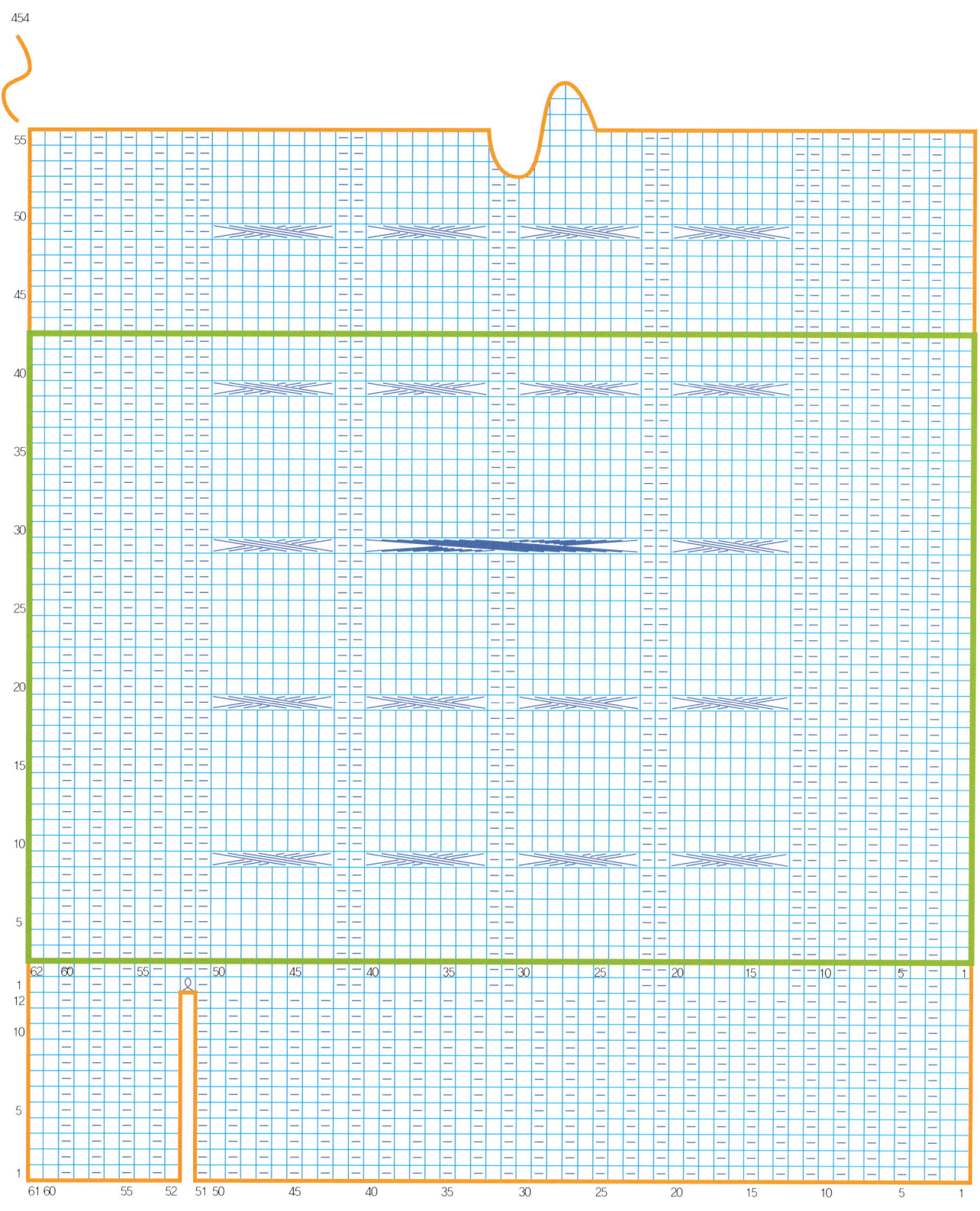

무늬뜨기 62코 40단 1무늬를 반복해서 뜬다.

# 손뜨개,
# 나의 첫 작품

2017년 8월 20일 인쇄
2017년 8월 25일 발행

저자 : 임현지
펴낸이 : 남상호

펴낸곳 : 도서출판 **예신**
www.yesin.co.kr

(우)04317 서울시 용산구 효창원로 64길 6
대표전화 : 704-4233, 팩스 : 335-1986
등록번호 : 제3-01365호(2002.4.18)

**값 14,000원**

ISBN : 978-89-5649-139-4

* 이 책에 실린 글이나 사진은 문서에 의한 출판사의
  동의 없이 무단 전재·복제를 금합니다.